1만 년 역사와 문화를 들려주는
돌이야기

* **사진 제공** 윤기범, 임웅, 임정자, 장용진, 전종현, 지요하, 시몽포토에이전시, 엔싸이버, 이미지클릭, 코비스
* 이 책에 사용된 사진은 대부분 저작권자의 동의를 얻었습니다만, 일부 사진은 저작권자를 찾지 못했습니다.
  저작권자가 확인되는 대로 정식 동의 절차를 밟겠습니다.

우리문화 우리역사

1만 년 역사와 문화를 들려주는
돌이야기

임정자 글 오정택 그림

문학동네

들어가는 말 6

1부 돌은 하늘이다

1. 하늘은 돌 14
2. 하늘에서 떨어진 돌 22

2부 돌은 생명이다

1. 자라나는 돌 34
2. 돌에서 태어난 신과 영웅 40
3. 돌에게 빌어 태어난 사람 50

3부 돌은 밥이다

1. 풍년 주는 바위 66
2. 쌀 주는 바위 72
3. 비 주는 바위 78
4. 풍년을 기원하는 돌싸움 90

차례

 4부 돌은 마을 수호신이다

1. 하늘을 향해 우뚝 선 수호신, 선돌 100
2. 사람의 모습을 한 수호신, 돌장승 110
3. 돌무지 수호신, 서낭 122

 5부 돌은 영혼의 안식처이다

1. 죽은 자를 보호하는 돌무덤 136
2. 신성한 돌무덤, 고인돌 142

나가는 말 158

들어가는 말

역사와 신화가 스며 있는 돌 이야기

안녕, 친구들? 나는 동화 쓰는 아줌마, 임정자야.

나는 동화를 쓰거나 읽는 것도 좋아하지만 수백, 수천 년 동안 입에서 입으로 전해 오는 옛이야기를 무척 좋아해. 옛이야기는 신기하고 재미날 뿐만 아니라 우리들이 어떤 마음가짐으로 살아가야 하는지를 알려주거든.

옛이야기를 즐기다 알게 된 건데, 우리나라에는 신들이 많고 신화도 참 많아. 세상을 만든 창조신부터 아기를 낳게 해 주고 보살펴 주는 삼신, 죽은 사람의 영혼을 위로하고 저승으로 데려가 주는 저승신 바리데기, 운명의 신 가믄장, 농경의 신 자청비, 시간과 계절의 신 오늘이, 바람신 영등, 바다의 신 용왕, 산을 다스리는 산신, 성주신이나 터주신, 조왕처럼 집을 지켜 주는 신들까지, 일일이 다 말하기 어려울 만큼 신이 많고 그 신들의 이야기가 많아.

그런데 슬프게도 우리가 배우는 것은 단군 신화나 고주몽 신화 같은 건국 신화 몇 편뿐이야. 그래서 사람들은 그리스·로마 신화나 북유럽 신화와 비교하며, 우리 겨레에게는 왜 신화가 없을까 불만스러워해. 그러고는 다른 겨레의 신화를 넘겨다보지. 무엇을 좋아하고 싫어하는 것은 개인의 취향 문제이긴 하지만, 몰라서 좋아하고 즐길 기회조차 갖지 못하는 것은 큰 불행이 아닐 수 없어.

　우리 신화를 잘 접하지 못하는 것도 안타까운데, 신화나 전설, 민담 같은 옛이야기를 싫어하는 어른도 많아. 어떤 어른은 옛이야기는 고리타분한 옛날의 이야기일 뿐이고, 이야기 자체가 황당무계하다며 싫어해. 이런 이야기들은 아이들에게 허무맹랑한 생각을 심어 주어서 나쁘다고 말해.

　물론 신화는 오래되고 오래된 이야기야. 학자들 말에 의하면 신화는 구석기 시대에서 신석기 시대로 넘어갈 무렵에 만들어지기 시작했다고 하니까. 이때 만들어진 신화들이 현재 전해 오는 신화들의 바탕이 된 거래. 하지만 오래되었다고 다 고리타분한 걸까? 오래된 이야기가 지금껏 전해 온다면 그럴 만한 까닭이 있는 것은 아닐까?

신화는 삶의 지혜를 들려주는 진실한 이야기란다.

　신화에는 황당한 것들이 많기도 해. 단군 신화를 보면 암곰이 백 일 동안 굴속에서 마늘과 쑥을 먹고 나서 사람이 되었다고 하잖아? 그러고 나서 환웅과 결혼하여 단군을 낳았다고 하고. 생각해 보면 말도 안 되는 이야기지. 그러나 우리가 알아야 할 것이 있어. 그것은 바로, 과학적 사실을 이야기하는 게 신화가 아니라는 거야. 또 신화는 역사적 사실을 이야기하지도 않는다는 거지. 신화는 사람의 생각, 삶의 지혜를 상징적으로 들려주는 진실한 이야기야. 그렇기 때문에 여러 가지로 해석할 수도 있지.

　암곰이 사람이 되었다는 이야기는 곰을 숭배하는 사람들이, 태양을 숭배하는 환웅의 집단에 흡수되어 하나의 공동체를 만들었다는 이야기로 해석되기도 하지. 그런데 환웅 쪽이 더 힘이 세서 곰을 숭배하는 사람들이 환웅네 식으로 변했다는 거야. 만약 환웅 쪽이 약했다면 아마도 곰 가죽을 뒤집어쓰고 백 일 동안 기다리다가 곰 집단 사람처럼 되었다는 신화가 나왔을지도 몰라.

그러니까 신화는, '옛날 사람들은 왜 그런 식으로 표현했을까?' 하고 생각하면서 읽으면 되는 거지. 신화는 과학이나 역사가 아니라 인류의 오래된 생각, 삶의 철학이니까.

신화는 글이 없던 시대에 생겨난 이야기야. 책에 기록해서 전해진 게 아니라 입에서 입으로 전해진 이야기이지. 그래서 수백, 수천 년 동안 전해지면서 이야기의 일부가 떨어져 나가기도 하고, 바뀌기도 했어. 지금은 흔적만 겨우 남은 이야기도 있어. 또 같은 신화라고 해도 경상도에서 전해지는 이야기와 충청도에서 전해지는 이야기가 달라.

게다가 신화에는 국경이 없어. 신화가 만들어지기 시작할 무렵, 사람들은 먹을 것을 찾아 옮겨 다니며 살았어. 사람들이 이동할 때는 살림살이와 몸만 가지 않고, 그들의 신과 신화와 문화도 같이 옮겨 가. 그러다 보면 자연스럽게 이야기와 문화는 원래 살던 사람들의 것과 섞이기도 하며 서로 영향을 주고받게 돼. 또 환경과 사는 방식이 바뀌게 되니 이야기와 문화도 따라서 변하였지.

예를 들면, 고조선의 영토는 한때 중국 요하*에까지 이르렀어. 고조선이 망하자 고조선 유민들은 여기저기 뿔뿔이 흩어져 이동을 했는데, 이들 중 일부는 한반도 남쪽 깊숙이 들어왔어. 또 고구려를 세운 주몽의

---

* 랴오허 강. 중국 만주 지방의 남부 평야를 흐르는 강이다.

아들 비류와 온조는 고구려 사람이었으나 남쪽으로 내려와 백제를 세웠지. 신라가 망한 뒤 신라 사람 일부는 만주로 옮겨 갔고 이후에 고구려, 발해 유민과 함께 후금을 세웠고, 후금은 청나라를 세워 중국을 지배하게 되었어. 이런 역사 때문에 한반도와 시베리아, 만주 지역에는 같거나 비슷한 신화가 동시에 존재하지.

다시 말하지만 신화는 최근에 만들어진 이야기가 아니야. 신석기나 농경 문화가 시작될 때부터 만들어진, 오래되고 오래된 이야기야. 한반도 땅을 넘어서 존재할 수밖에 없는 이야기인 거지. 그러므로 이건 우리 신화이고, 저건 아니라고 딱 잘라 말할 수 없어. 무엇보다도 우리 신화나 옛이야기를 풍부하게 이해하기 위해서 우리는 시베리아, 만주 지역의 신화나 옛이야기를 선입견 없이 마주하는 것이 필요해.

어떤 사람들은 신화는 고리타분하다고 말하지만 신화에는 시대와 상관없이 중요하고 가치 있는 생각이 담겨 있어. 어떤 이야기냐고? 들어 봐.

우리는 사람이 만물의 영장이라고, 이 세상의 주인이라고 말해. 그래서 필요하면 산도 없앨 수 있고, 강줄기도 바꿀 수 있고, 짐승도 나무도 모두 죽이고 살릴 수 있다고 생각해. 그러나 신화는 결코 사람만이 이 세상의 주인이라고 말하지 않아. 하늘을 나는 새, 산에 사는 짐승, 물에 사는 물고기, 하다못해 굴러다니는 돌멩이에게도 영혼이 깃들어 있다고 말해. 그들이 함께 만들어 가는 것이 이 세상이라고 말해.

현대 사회는 잘생긴 사람, 돈 많은 사람, 학벌 좋은 사람이 최고라고 하고, 그들이 역사를 만들고 역사의 주인이라고 말하지만 신화는 그렇지 않다고 말해. 인류의 역사는 황금처럼 빛나는 것들만이 만들어 가는 게 아니라 오히려 돌멩이같이 흔하고 평범한 사람들이 지탱하고 만들어 가는 거라고 말해.

그래서 신화를 알면 이 세상에서 여러 생명들과 함께 살아가는 지혜를 배우게 되고, 이 세상에 존재하는 모든 것들을 소중하게 여기는 마음을 배우게 되지. 그리하여 우리 삶과 문화가 좀 더 자유롭고 풍요로워지지.

이 책은 바로 그런 생각을 바탕으로 만들기 시작했어.

하찮아 보이는 돌에도 역사와 문화가 스며 있단다.

『1만 년 역사와 문화를 들려주는 돌 이야기』는 돌에 관한 이야기야. 돌에는 어떤 생각의 역사가 있고, 그런 생각이 어떤 문화를 만들었나에 관한 거지.

그런데 왜 하필 돌이냐고?

하긴, 돌은 흔하고 특별한 게 없지. 황금을 탐내는 이는 있어도 땅바닥에 굴러다니는 돌멩이를 탐내는 이는 거의 없잖아. 오죽하면 최영 장군*의 아버지는 "황금 보기를 돌같이 하라."는 말을 유언으로 남겼을까.

그런데, 돌에는 정말로 특별한 게 없을까?

아니, 그렇지 않아. 돌에는 돌만의 역사가 있고 신화가 있어.

산이나 절 혹은 시골 마을 입구에서 작은 돌멩이를 쌓아 만든 돌무지나 돌탑을 본 적이 있지? 그리고 지나는 사람이 그 위에 돌을 하나 주워 얹어 놓고 가거나 그 곁에 작은 돌탑을 하나 더 쌓고 기도를 하는 모습

* 고려 말의 이름난 장수. 고려를 무너뜨리려는 이성계 장군에 맞서 싸우다가 실패하고 목숨을 잃었다.

도 보았을 거야. 나는 그런 것을 볼 적마다 무척이나 궁금했어. 사람들은 왜 보잘것없고 값어치 없는 돌로 탑을 쌓고 기도를 할까? 대체 그 기도는 누가 받는 것일까?

그래서 돌에 관한 책들을 구해 읽었지. 그러다 놀라운 사실을 알게 되었어. 요즘 사람들이 돌에 기도를 하거나 돌로 탑을 쌓는 것은 우리 겨레의 오랜 문화이고 신앙이었다는 것을 말이야. 또 충청북도 옥천에는 신석기 시대 때 신성하게 여겨진 선돌이 아직까지 남아 있고, 마한 시대에 쌓은 돌무지탑이 남아 있다는 것, 그리고 신성하다고 여겨지는 돌 앞에서 제를 지내는 마을이 지금도 아주 많다는 사실을 말이야. 더불어, 하찮게 여겼던 돌에 특이하고 재미난 신화와 전설이 깃들어 있다는 것도 알게 되었어.

땅바닥에 굴러다니는 돌에도 역사가 있고 신화가 있다는 걸 안 순간, 나는 감은 눈이 번쩍 뜨이는 것 같았어. 그래서 사람들에게 돌에 얽힌 신화를 들려주고 싶어졌지. 또 하찮은 돌멩이에도 멋진 삶의 역사와 신화가 있으니 어린이 친구들도 자신만의 멋진 삶과 역사와 신화를 만들며 살아가라는 이야기도 하고 싶어졌어. 이 세상에는 그 누구도, 그 무엇도 허투루 존재하는 것은 없어. 우리들 역시 그렇지. 그래서 모두가 소중하다는 이야기를 하고 싶어서 이 책을 썼어.

1부 돌은 하늘이다

옛날 옛날에 하늘신이 하늘을 만들 때,
무엇으로 만들까 고민을 했대.
하지만 몇 날 며칠을 생각해도 마땅한 게 떠오르지 않더래.
"하늘을 대체 무엇으로 만들어야 좋단 말인가?"
문득, 하늘신 뇌리를 스치는 게 하나 있었어.
그게 뭐게? 그건 바로 돌이야, 돌!

1. 하늘은 돌

애들아, 알고 있니? 하늘은 끝이 없는 공간이라는 거. 다 알고 있다고? 그래, 이 사실을 모르는 사람은 거의 없을 거야. 하늘이 왜 파랗게 보이는지는 잘 몰라도 하늘이 끝없이 펼쳐진 공간이라는 것쯤은 누구나 알지.

하지만 옛날 사람들은 지금처럼 생각하지 않았어. 하늘은 천장 같은 것이라고 생각했지. 그리고 하늘 천장은 단단한 물질로 이루어져 있다고 생각했어. 그래서 커다란 기둥이나 높디높은 산들이 저 단단한 하늘을 받치고 있다고

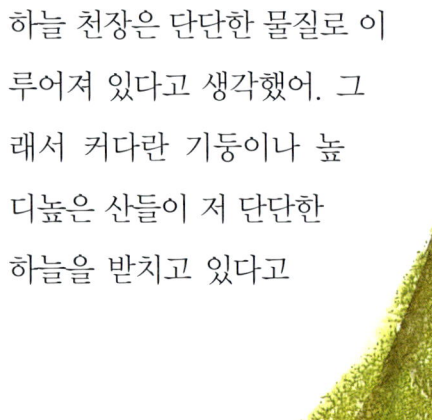

상상했어. 단단한 하늘 천장 중심에는 북극성이 박혀 있고, 북극성을 중심으로 하늘이 뱅글뱅글 돌아서 해가 뜨고 지고, 달이 뜨고 진다고 생각했어.

함경남도 함흥에 전해 오는 창세 신화•에도 이와 비슷한 생각이 들어 있어. 태초에 하늘은 땅에 철썩 붙어 있었는데, 창조신이 땅에 붙어 있던 하늘을 위로 잡아 올려 지금의 하늘을 만들고, 땅 네 귀퉁이에 네 개의 기둥을 세워 하늘이 무너지지 않도록 받쳤다는 거야.

하늘을 단단한 천장처럼 생각한 건 중국 사람들도 마찬가지였어. 중국 사람들은 거인 반고가 태어나면서 세상이 생겨났고, 반고의 키가 자라면서 하늘과 땅이 벌어졌는데, 반고가 다리로는 땅을 누르고, 머리로는 하늘을 받쳐서 지금처럼 됐다고 생각했어.

서양도 비슷하지. 그리스·로마 신화를 보면, 거인 신 아틀라스가 신들과 싸우다가 지자 그 벌로 천구, 즉 하늘을 어깨로 떠받치게 되었대. 제우스를 숭배했던 그리스·로마의 옛사람들이나 중국 땅에서 살았던 사람들 모두 하늘은 단단한 물질로 이루어져 있어서 무언가로 떠받치지 않으면 안 된다고 생각한 거야.

이런 생각들이 바탕에 있어서 그랬을까? 전해 오는 우리 속담 중에는 '하늘이 무너져도 솟아날 구멍은 있다'라는 말이 있고, 옛날 어른들은 비가 한없이 쏟아지면 '하늘에 구멍이 났나?' 하면서 근심스러운 얼굴을 했어.

하늘에 구멍 난 이야기를 하니까 문득 떠오르는 중국 신화가 있네! 옛날에 하늘이 무너지면서 커다란 구멍이 뚫린 적이 있었대. 하늘에 구멍이 나자 세상에는 지진이 나고 해일이 일고 홍수가 났어. 또 짐승들은 사나워져 사람들을 공격했고, 세상이 온통 혼란에 빠졌어. 이걸 본 여와라는 여신이 부랴부랴 큰 강에 나가 오색돌을 주워서는 불에 녹였어. 그러자 오색돌은 물엿처럼 끈적끈적해졌지. 여와 여신은 끈적한 오색돌로 하늘에 난 구멍을 메웠어. 그러자 하늘은 처음처럼 말짱해졌고, 세상은 다시 평화로워졌지. 홍수가 멈추고, 사나운 짐승들은 도로 순해진 거야.

옛날 사람들은 하늘을 끝없이 펼쳐진 공간이라고 생각한 게 아니라, 구멍이 나기도 하고 오색돌로 메워지기도 하는 게 하늘이라고 생각한 거지.

그렇다면 옛날 사람들은, 하늘은 뭐로 만들어져서 단단하다고 생각했을까? 이런 질문에 대답하기는 쉽지 않아. 딱 꼬집어서 하늘은 뭐로 만들어져 있다고 말하는 신화가 별로 없거든.

함경남도 함흥 신화에서는 땅에 들러붙어 있는 걸 떼어 내서 높이 올려놓은 게 하늘이라고 했으니까 땅과 비슷한 성분으로 이루어져 있다고 생각하지 않았을까? 어쩌면 하늘이 맑고 푸르니까 하늘은 옥이나 수정 같은 거라고 생각했을지도 몰라. 하지만 이건 나의 추측일 뿐이지.

백두산 북쪽, 연해주에 사는 길랴크 족**에게는 하늘이 뭐로 만들어졌는지 콕 집어 말해 주는 오래된 신화가 있어.

---

* 우주나 세계가 만들어진 과정에 관한 신화. 신이 만들었다고 하는 창조 유형과 동물의 알 같은 원초적 물질에서 비롯되어 발달하였다고 하는 진화 유형이 있다.
** 연해주 북부, 아무르 강 하류에 사는 고아시아 족으로 수렵이나 어업을 하며 산다. 니브흐 족이라고도 부른다.

돌로 만든 하늘

옛날 옛날에 하늘신이 하늘을 만들 때, 무엇으로 만들까 고민을 했대. 하지만 며칠 며칠을 생각해도 마땅한 게 떠오르지 않더래.
"하늘을 대체 무엇으로 만들어야 좋단 말인가?"
문득, 하늘신 뇌리를 스치는 게 하나 있었어. 그게 뭐게? 그건 바로 돌이야, 돌!
"천 년 만 년 흘러도 변하지 않는 것, 불에도 타지 않고, 물에도 녹지 않고, 비바람에도 흔들리지 않고 제자리를 지키는 것! 그건 돌이야, 돌! 그래, 돌로 하늘을 만드는 거야!"
하늘신은 부랴부랴 맑고 단단한 돌을 가져다 하늘을 만들기 시작했어. 돌

하늘이 완성되자 하늘신은 뿌듯했지.
하지만 돌하늘 아래에 사는 땅나라 사람들은 기쁘지 않았어. 무거운 돌하늘이 머리 위에서 빙글빙글 돌고 있으니까 겁이 나 죽겠는 거지.
"혹시 돌하늘이 뚝 떨어져서 우리가 죄다 깔려 죽는 건 아닐까?"
사람들은 돌하늘이 떨어질까, 무너질까, 금이 갈까, 늘 올려다보며 걱정을 했어. 그러다 결국엔 하늘신을 찾아가 하소연을 하였지.
"신이시여, 우리는 돌하늘이 떨어질까 걱정이 되어 잠을 잘 수도 없고, 일을 할 수도 없습니다."
"우리가 마음 놓고 살 수 있도록 어떻게 좀 해 주십시오."
하늘신은 깜짝 놀랐어.
"그랬구나! 염려 마라. 더 이상 걱정하지 않게 하늘을 손봐 놓을 것이다."

하늘신이 돌하늘에 숨을 잔뜩 불어 넣으니 돌하늘이 하늘에 꽉 차면서 튼튼하게 붙어 있게 되었어.
"사람들아, 하늘은 이제 단단히 붙었다. 하늘이 무너지는 일은 없을 터이니 너희들은 걱정하지 말고 편히 살도록 하라."
그리하여 지금껏 하늘은 우리 머리 위에 있게 된 거야.

길랴크 족 신화는 하늘이 무엇으로 이루어져 있을까 하는 질문에 정확하게 대답을 해 줘. 그 대답은 돌이야.

멀리 오스트레일리아에 사는 사람들도 같은 대답을 하지. 오스트레일리아 원주민들은 하늘이 단단하고 매끈매끈하고 반짝거리는 돌로 이루어져 있다고 말해. 단단하고 매끈거리고 반짝이는 돌은 어떤 돌일까? 그건 석영이야. 흔히 수정이라고도 하지. 오스트레일리아 원주민들은, 하늘은 수정으로 이루어져 있고, 하느님은 수정으로 만든 의자에 앉아 있다고 생각했어. 하늘이 맑게 빛나는 수정돌로 만들어져 있다니, 참 독특한 생각이지?

돌하늘이거나 수정하늘이거나 하늘을 단단한 천장이라고 생각한 것은 세계 여러 옛사람들의 공통된 생각인가 봐.

그런데 길랴크 족이나 오스트레일리아 원주민들은 왜 하늘은 돌로 이루어져 있다고 딱 꼬집어 말한 것일까? 돌에 특별한 의미가 있는 것일까? 학자들 말에 의하면 돌과 해는 깊은 관계가 있기 때문이래.

세계 곳곳에는 거대한 돌로 만든 유적지가 많은데, 학자들은 해를 숭배한 사람들이 바로 이 거대한 돌문화를 만들었다고 해.

그럼 왜 해를 숭배했냐고? 해는 어둠을 몰아내고, 추위를 몰아내고 세상을 따뜻하게 비춰 주잖아. 인간의 힘이나 능력과는 다른 초월적인 힘이 해에게 있는 거지. 그래서 사람들은 해를 신성하게 생각하고 숭배했어. 또 해가 떠 있는 하늘, 빛이 있는 하늘 역시 해처럼 신성하게 생각했어. 신성한 하늘이 돌로 이루어져 있다고 말하는 것은 해를 숭배하고 하늘을 숭배하는 사람들이 돌을 매우 신성하게 생각했다는 뜻으로 이해할 수 있는 거지.

그런데 왜 굳이 해를 돌과 연관시켜 생각했을까? 지금부터 그 해답을 찾아가 볼게.

2. 하늘에서 떨어진 돌

 돌은 어디서 왔을까? 어떻게 생겨났을까? 북유럽 신화에서는 태초의 거인 이미르가 죽은 뒤에 큰 뼈는 산이 되고 작은 뼈와 이빨은 돌이 되었다고 말해. 중국 신화에서는 세상을 만든 거인 반고가 죽은 뒤에 반고의 뼈가 돌이 되었다고 말하고.
 우리나라에는 사람이 바위가 되었다는 이야기가 많아. 인간 세상을 다스리는 신을 따르던 스님이 바위가 되었다는 신화도 있지.
 한반도에 전해 오는 신화는 아니지만, 돌의 유래에 관한 신기한 신화 한 편이 있어. 중국 동부 지역에 사는 에벤크 족*에 내려오는 이야기인데 한번 들어봐.

---

* 어윈커 족이라고도 하며, 퉁구스계 민족이다. '대산림 속에 사는 사람'이라는 뜻으로 주로 수렵을 하며 동물 가죽으로 옷을 해 입는다.

세상에 돌이 생긴 까닭

아주 아주 먼 옛날에는 하늘과 땅을 연결하는 긴 통로들이 여럿 있었어. 통로 위쪽에는 하늘나라 사람들이 살고, 통로 아래쪽에는 땅나라 사람과 짐승과 괴물들이 살았어. 그런데 이들이 날마다 통로를 통해 하늘을 기웃거린 거야. 하늘나라 사람들은 머리가 아팠지.
"저 골칫거리들이 하늘을 기웃거리지 않게 할 방법이 없을까?"
그때 누군가가 말했어.
"커다란 돌멩이로 통로들을 모두 막아 버리면 되지 않을까?"
"아, 그거 좋은 생각이로군."
하늘나라 사람들은 그 즉시 돌을 떨어뜨렸어. 그러자 하늘과 땅을 연결하는 통로들이 모두 막혀 버렸지. 하지만 그 덕분에 원하는 대로 골칫거리들이 더 이상 하늘 세상을 넘보지 않게 되었어. 또 이때 일로 세상 곳곳에는 돌이 있게 되었대.

에벤크 족은 이 세상에 돌이 있게 된 것은 하늘나라 사람들이 하늘에서 돌을 던졌기 때문이라고 말해. 돌의 기원을 하늘에 두는 거지.
에벤크 족 신화처럼 하늘에서 돌이 내려온 옛이야기가 시베리아의 바이칼 호 주변에 사는 종족, 부랴트 족에게도 전해 와. 부랴트 족 신화에 의하면, 세상에 홍수가 났을 때 하느님의 아들이 땅 틈새에서 새어 나오는 물을 막으려고 아홉 번이나 돌을 던졌는데, 그중 마지막

아홉 번째 돌이 틈새에 적중해 물을 막았다고 해. 사람의 힘으로 막을 수 없는 홍수를 하늘에서 던진 돌이 막아 낸 거지.

몽골의 칭기즈칸* 이야기에도 하늘에서 내려온 돌 이야기가 있어. 칭기즈칸이 왕이 되기 전에 적에게 쫓겨 숲으로 들어가 숨은 적이 있어. 칭기즈칸은 이때 숲 속에서 6일을 지낸 뒤에 이젠 괜찮겠지 생각하며 숲 밖으로 나가려 했어. 그런데 갑자기 하늘에서 집채만 한 흰 바위가 뚝 떨어져 숲 들머리를 막더래. 칭기즈칸은 그걸 보고 '하늘이 말리시는구나.' 생각하고 숲을 나가지 않았대. 놀랍게도 숲 밖에는 진짜로 적이 그때까지 칭기즈칸을 기다리고 있었다고 해. 하늘의 돌이 홍수를 막아 주고 장차 몽골의 왕이 될 영웅의 목숨을 지켜 준 거지.

* 몽골 제국의 제 1대 왕(?~1227). 몽골 족을 통일하고 중앙아시아를 평정하는 한편, 서양 정벌로 동서양에 걸친 대제국을 건설하였다.

이런 이야기는 재미나고 신기하긴 한데 터무니없기도 하지. 하지만 학자들 말로는 하늘에서 떨어진 돌 이야기가 터무니없는 말이 아니래. 옛날 사람들이 이런 생각을 하게 된 것은 실제로 하늘에서 돌이 떨어지는 것을 보았기 때문이래.

하늘에서 돌이 어떻게 떨어지냐고? 지금도 종종 하늘에서 돌이 떨어져. 그 돌은 바로, 다 타지 않고 땅에 떨어지는 별, 별똥별이야. 요즘은 가로등, 네온사인, 자동차 불빛 들 때문에 밤이 환해서 도시

별똥별   우주 공간을 떠도는 소행성이나 혜성에서 떨어져 나온 파편들이 바로 별똥별이다. 주로 목성과 화성 사이에서 태양 주위를 돌다가 지구로 날아오는데, 대기권에 들어서면 마찰이 생겨서 불이 붙는다. 이때 생긴 불꽃이 길게 꼬리를 그리면서 떨어지기 때문에 우리 눈에는 별똥별이 아름답게 보인다.

　에서는 별을 보기가 힘들지. 별똥별 보기도 어렵고 말이야. 하지만 전기 불빛이 적은 농촌이나 공기 맑은 산마을에 가면 밤하늘을 수놓은 별들을 볼 수가 있어. 운이 좋으면 별똥별이 떨어지는 것도 볼 수 있고. 나는 예전에 하룻밤 사이에 별똥별을 7개나 본 적이 있어.

　별똥별들은 대개 대기권°으로 들어오면서 타 버려. 하지만 어떤 것은 다 타지 않고 남아서 땅으로 떨어지지. 이것을 운석이라고 하는데, 학자들 말로는 바로 이 운석을 보고 고대 사람들이 돌은 하늘에서 왔다고 생각하게 되었을 거래. 또 하늘에서 돌이 떨어지는 것을 보고 예사로운 일이 아니라고 여겼고, 하늘에서 떨어지는 돌에는 특별한 힘이나 능력이 있을 거라고 상상을 했다는 거야.

　하긴 운석은 지구에 있는 돌처럼 생기기도 했어. 일반인은 돌과 운석을 잘 구별하지 못해. 사람들이 운석을 보고 하늘에서 돌이 내려왔다고 생각한 것은 당연한 일이었을 거야. 옛날 사람들은 해와 하늘을 신성하게 생각했다는 거 기억나? 높은 곳에서 변함없이 빛나며 여러 생명들이 살 수 있게 해 주니까 말이야. 그런데 돌이 신성한 하늘에서 떨어지니 돌에도 하늘의 신성한 힘이 깃들어 있을 거라고 상상한 것도 당연한 것일 테지. 하늘에서 떨어진 돌, 즉 운석이 하늘의 힘을 품고 있다고 생각해서 옛날 사람들은 별똥별이 떨어지는 것을 보면 소원을 빌고, 운석을 만지면 좋은 일이 일어난다고 믿었어.

특히 고대 점성가**들은 운석에는 신의 뜻이 깃들어 있다고 믿었어. 그래서 그 뜻이 무엇인지를 해석하려 하였지. 점성가들은 운석을 왕이나 영웅과 관련된 계시라고 생각했어. 왜냐하면 옛날에는 왕이나 영웅은 아무나 될 수 있는 게 아니고, 하늘이 그런 운명을 주어야만 가능하다고 생각했거든.

서울에 있는 낙성대는 고려의 명장 강감찬 장군이 태어난 곳이야. 강감찬 장군이 태어날 때 하늘에서 별이 떨어졌는데, 그 자리가 바로 낙성대래. 그러니까 하늘이 낙성대에 별, 운석을 떨어뜨려 고려에 명장이 태어날 것을 미리 알려 준 거지.

* 지구를 둘러싼 기체의 범위. 지상에서 약 1,000km까지이다.
** 별의 빛이나 위치나 운행을 보고 점을 치는 사람.

또 운석은 승리의 계시로도 해석되었어. 전쟁터에서 운석이 떨어지면 하늘이 승리를 미리 알려 준다고 생각했지.

3천 년 전에 인도의 라즈무트 장군은 운석을 얻은 뒤에 전쟁에 나가 승리를 했어. 그 뒤로 그 지역 사람들은 수백 년 동안 그 운석을 승리를 안겨 주는 돌로 숭배했대.

또 옛날 독일의 막시밀리안 황제는 터키와 전쟁을 하려는데, 아인지스하임이라는 곳에 커다란 운석이 떨어졌대. 막시밀리안 황제는 급히 아인지스하임으로 가서 운석을 가져왔고, 그 후 전쟁에서 이겼대.

운석을 늘 좋은 의미로만 해석한 것은 아니야. 운석이 떨어지는 것은 왕권이 약해지거나 왕이 죽는 것을 계시하는 것으로 해석한 경우도 있어.

『삼국사기』*를 보면 신라 혜공왕 3년(767년)에 별 세 개가 왕궁 뜰에 떨어져 서로 맞부딪쳤는데, 그 빛이 불꽃처럼 치솟았다가 흩어졌다는 기록이 있어. 사람들은 이것을 매우 불길한 징조로 여겼지. 그런데 1년 뒤에 또 황룡사** 남쪽에 큰 별이 떨어진 거야. 별이 떨어지자 천둥 같은 소리가 나고 땅이 진동을 했지. 우물과 샘은 모두 말라 버렸고. 사람들은 이것을 하늘이 왕의 죽음을 계시한 거라고 생각했어. 신의 계시 때문인지는 모르겠지만, 혜공왕 때는 안 좋은 일이 정말 많이 일어났어. 호랑이가 대궐로 들어와 사람들을 놀라게 하질 않나, 반란이 일어나질 않나. 나쁜 일

이 연거푸 일어났지.

중국의 『삼국지』***에는 제갈량의 죽음을 운석과 관련하여 기록해 놓았어.

"붉고 바늘 같은 빛이 달린 별이 동북쪽에서 서남쪽으로 흘러가 제갈량의 진영에 떨어졌다. 세 번 떨어졌다가 다시 돌아갔는데, 떨어질 때는 크기가 컸지만 돌아갈 때에는 작아졌다. 잠시 후 제갈량이 죽었다."

그 당시 점성가인 악우는 운석이 세 개나 떨어진 것을 보고, "별이 떨어진 곳에는 피가 흐르고, 장군이 살해당하니 그 재해가 가장 심하다."고 예언했어.

이처럼 운석은 상황에 따라 좋은 징조로도 해석되고 불길한 징조로도 해석되었어. 즉, 운석이라는 것은 신성한 하늘의 뜻을 사람들에

* 고려 시대 김부식이 쓴 역사책. 신라, 고구려, 백제 세 나라의 역사를 적었다. 우리나라에서 현존하는 가장 오래된 역사책이다.
** 경주에 있던 절. 신라 진흥왕 때 짓기 시작하여 선덕여왕 14년(645년)에 완성한 것으로 신라 불교의 중심지였다.
*** 3세기경 중국 진나라의 진수가 위·촉·오 삼국의 역사를 편찬한 책. 명나라 초엽, 나관중이 지은 역사 소설 『삼국지연의』와는 다른 정통 역사책이다.

게 전달하는 존재인 거지.

　옛날 사람들은 빛이 있는 푸른 하늘을 신성시하고 숭배하였어. 빛은 어둠을 타고 슬금슬금 다가오는 맹수들에 대한 공포를 몰아내 주고, 꽁꽁 얼어붙을 것 같은 추위로부터 사람들을 보호해 주기 때문이지. 뿐만 아니라 하늘은 빛을 뿌리고 비를 내려서 세상 만물을 자라

세상으로 떨어진 거대한 운석

운석은 수시로 지구로 떨어진다. 그동안 지구를 위협했던 수백 미터짜리 운석만 자그마치 920개가 넘는다. 미국 애리조나 주에는 수천 년 전 혹은 수만 년 전에 떨어진 것으로 짐작되는 운석 자리가 있다. 지름이 1.2km나 되고, 깊이가 약 200m에 이르는 이 거대한 운석 구덩이는 1891년에 발견되었으며, 발견된 당시 구덩이 주변에 10톤에 이르는 수천 개의 운석이 있었다고 한다. 지구 곳곳에는 이러한 운석이 떨어진 자리가 많이 남아 있다. 1억 9천만 년 전에 떨어진 운석은 지름이 10km였다. 어마어마하게 큰 운석이 떨어져서 거대한 공룡들이 순식간에 사멸했다고 주장하는 학자도 있다.

애리조나 운석공

게 해 줘. 그러니 사람들은 하늘신과 태양신을 모든 신 중의 으뜸신으로 쳤어.

그런데 신성한 하늘에서 종종 돌이 떨어져! 운석 말이야. 하늘에서 갑자기 뚝, 떨어지는 운석을 옛날 사람들은 예사롭게 보아 넘길 수 없었지. 신성한 하늘에서 떨어져 내려온 운석을 보며 운석에는 하늘신의 뜻이 담겨져 있다고 상상했지. 또 땅 위의 돌 역시 운석처럼 하늘에서 왔을 거라고 상상했고 말이야.

그리고 돌은 하늘에서 왔으니 하늘처럼 해처럼 강력한 생명력과 힘을 지니고 있을 거라고 생각하고, 땅 위의 여느 존재와는 달리 하늘과 해와 통하는 존재라 여겼지.

돌에 대한 이런 생각과 상상들은 긴 세월 동안, 그러니까 신석기 시대를 시작으로, 거대한 고인돌을 세웠던 청동기 시대를 거치면서 보태지고 쌓여 점점 풍부하게 발전해 갔어. 지금까지도 전해 오는 독특한 돌신앙, 돌문화를 만들어 낸 거야.

2부 돌은 생명이다

옛날 사람들은 하늘과 해를 구별하지 않고 같은 존재처럼 생각한 것 같아. 영원하고 변하지 않는 해의 생명력이 곧 하늘의 생명력이고 신성함인 거지. 그런데 돌은 하늘에서 왔다고 생각했으니까 돌에도 하늘, 해의 영원하고 강력한 생명력이 깃들어 있다고 생각했지.

1. 자라나는 돌

어렸을 적에 우리 집 장롱 속에는 갓난아기만 한 자수정 원석이 있었어. 아버지는 꽃에 물을 주듯이 가끔 자수정에 물을 뿌렸지. 내가 왜 물을 주냐고 물으니까 아버지는, 물을 주면 자수정이 자라기 때문이라고 하셨어. 나는 돌도 나무나 꽃처럼 물을 주면 자란다는 말이 신기하게 들렸어.

그런데 어른이 되고 보니 더 신기한 게 있지 뭐야. 글쎄, 돌이 자란다는 게 과학적으로 맞는 말이래!

물론 모든 돌이 자라는 것은 아니야. 석영이나 백운모 같은 종류가 자라는 돌이야. 석영이나 백운모는 특정 온도, 특정 압력 상태에서 물의 함량이 11%면 자라난대. 일반인은 정확하게 조건을 맞추기가 어려워서 그렇지, 조건을 맞추고 물을 주면 수정돌이 자란다는 거야.

옛날 사람들은 과학이 증명해 줘서 돌이 자란다고 생각한 것은 아니었어. 그들은 돌을 살아 있는 생명체로 여겨서 그랬던 거야. 옛날 사람들은 돌은 '땅어머니'가 품고 있는 배 속 아기, 즉 태아라고 생각했거든. 그래서 돌도 아기처럼 자라난다고 생각한 거야.

무슨 말인지 모르겠다고? 그럼 좀 더 자세히 설명해 줄게.

인류는 맨 처음 돌로 도구를 만들어 사용하며 살았어. 돌로 도끼,

철기 시대의 도끼와 낫

괭이, 칼 같은 생활 도구를 만든 거지. 물론 짐승의 뼈나 나무를 가지고 만들기도 했지만 말이야. 학자들은 이 시기를 석기 시대라고 하는데, 석기 시대는 무려 300만 년이란 긴 세월 동안 지속되었어. 철 같은 금속을 도구로 사용한 세월이 1만 년도 안 된다는 사실을 떠올리면 300만 년이란 세월은 어마어마한 거지. 석기 시대가 인류 역사의 대부분을 차지한다고 해도 지나치지 않은 거지.

300만 년이란 긴 세월 동안 석기를 사용하던 인류는 지금으로부터 약 3천 년 전부터 금속으로 도구를 만들기 시작했어. 청동이나 철로 칼이나 호미, 괭이 같은 도구를 만든 거지. 그리고 인류의 문명은 빠른 속도로 변해 갔어.

이런 시대 변화가 가능했던 것은 철을 품고 있는 돌, 즉 광석을 녹여서 돌과 금속을 분리해 내는 용광법을 발견했기 때문이야. 이 시기에 사람들은 돌은 금속을 뽑아 낼 수 있는 광석과 그렇지 않은 돌로 나뉜다는 것을 알게 되었고, 광석은 땅 위보다 땅속에 더 많다는 것도 알게 되었어.

물론 처음에는 땅 위의 광석을 주워 금속을 얻었지. 그러다가 땅속에 숨어 있는 광석을 캐기 시작했어. 이런 변화는 돌에 대해 새로운 생각을 갖게 만들었어. 돌은 하늘이 보내기도 하지만 땅이 낳기도 한다는 생각 말이야. 이전까지는, 돌은 하늘에서 왔으며, 하늘에서 온 돌이므로 하늘의 신성성이 깃들어 있다고 생각했는데, 광석을 캐면서 돌에는 땅의 신성성이 깃들어 있다고도 생각하게 된 거야.

이해하기가 어렵다고? 그럼 좀 더 자세하게 설명해 볼게.

땅은 엄마처럼 사람들에게 먹을 것을 주고, 풀과 나무가 자라게 하지. 그래서 사람들은 땅을 위대한 어머니 신, 즉 대지모신(大地母神)이라고 불렀어. 또 광석은 땅속에 있으니까, 광석을 캐는 광산은 대지모신의 자궁, 광석은 대지모신의 아기라고 여긴 거야. 또한 아기가 어머니 자궁 속에서 열 달 동안 자란 뒤에 세상으로 나오듯, 돌 또한 대지모신 자궁 속에서 오랜 세월 동안 자란 뒤에 반짝거리는 광석이 되어 세상에 나온다고 생각했어.

그러니까 자수정에 물을 주는 행동에는 돌이 생명력을 갖고 있고, 다른 생명과 마찬가지로 시간이 흐르면 자라난다는 생각이 깔려 있는 거지.

또 사람들은 바위에 붙어 있는 광석을 보면서 어머니가 아기를 낳듯 돌이나 바위도 보석을 낳는다고 생각했어. 돌이나 바위 또한 그 자체가 생명이고, 강력한 생명의 힘이라 생각했지.

이러한 생각이 바탕에 있어서 그런 걸 거야. 지금도 사람들은 과일이 많이 열리기를 바라며 과일나무 가지 사이에 돌멩이를 얹어 놓아. 돌멩이가 지닌 생명력을 얻어 열매를 많이 열게 하려는 주술적인 행동이지.

돌의 힘으로 살아간 300만 년

인류는 약 300만 년이란 긴 세월을 돌의 힘을 이용하며 살았어. 처음엔 적당한 돌을 주워서 도구로 사용했지만, 차츰 돌을 쪼개거나 떼어 내고, 갈고 다듬어서 원하는 모양의 도구를 만들어 냈지.

돌은 단단해서 도끼나 망치 같은 도구를 만들기에 적합한 재료였어. 그러나 나무처럼 손쉽게 다듬거나 자르기가 쉽지 않았어. 훨씬 더 전문적인 지식과 기술이 필요한 재료인 거야. 그래서 석기인들은 어떤 종류의 돌에서 더 날카로운 돌날을 얻을 수 있는지, 단단한 돌덩이에서 어떻게 하면 얇은 돌날을 떼 낼 수 있는지 관찰하고 연구했어. 그러다 석영 종류는 켜를 이루고 있어 불에 달군 뒤 물에 식히면 여러 부분으로 갈라진다는 것, 흑요석에서 떼어 낸 돌날은 그 무엇보다 날카롭다는 사실들을 알아낸 거야. 돌의 성질을 이용해 석영이나 흑요석에서 떼어 낸 돌날로 고기를 베거나 가죽을 잘랐어.

그러나 돌도구를 만들기에 적합한 돌이 늘 주변에 있는 것은 아니었

신석기 시대의 돌괭이

신석기 시대의 돌도끼들

어. 특히 흑요석은 화산 활동이 일어난 지역에서만 발견되는 돌이라 아무 데에서나 구할 수가 없었어. 그래서 석기인들은 흑요석을 구하기 위해 멀리까지 여행을 하고, 어떤 경우에는 흑요석을 가진 부족과 물물 교환을 했어.

인류는 철기 문명이 발달하기 전까지, 석기를 이용하며 살았어. 짐승을 잡거나 고기를 자를 땐 주먹도끼와 찌르개를 사용했고, 움막을 짓기 위해 나무를 자를 때는 돌로 만든 찍개를 사용했어. 짐승 가죽에 구멍을 뚫어 옷을 만들 때는 뚜르개를 썼고, 부싯돌을 쳐서 불을 피웠고, 긁개로 짐승 가죽을 벗겼고, 갈판에 도토리처럼 단단한 열매나 곡식을 놓고 갈돌로 갈아 먹었어. 농사를 짓게 되면서부터는 돌괭이, 돌보습, 돌삽을 만들어 땅을 갈고, 반달 돌칼, 돌낫으로 곡식을 거두었지.

상당히 많은 일을 돌을 이용하며 산 거야. 돌은 석기인들이 거친 자연 속에서 생존할 수 있게 도움을 준 거지. 그러니 석기인들에게 돌이 얼마나 소중한 존재였겠어!

구석기 시대의 찌르개

2. 돌에서 태어난 신과 영웅

 옛날 사람들은 하늘을 신성하게 생각했어. 세상의 빛은 하늘의 해로부터 나오고, 그 빛으로 인해 어둠과 어둠이 주는 공포가 사라지니까. 또 햇빛은 지상의 만물을 키우고, 사람이 살아갈 수 있게 해 주기 때문이지. 그러니 해가 있는 하늘은 신성할 수밖에 없어.
 옛날 사람들은 하늘과 해를 구별하지 않고 같은 존재처럼 생각한 것 같아. 영원하고 변하지 않는 해의 생명력이 곧 하늘의 생명력이고 신성함인 거지.
 그런데 돌은 하늘에서 왔다고 생각했으니까 돌에도 하늘·해의 영원하고 강력한 생명력이 깃들어 있다고 생각했겠지. 그래서 하늘·해를 숭배하는 사람들은 돌을 숭배하였어. 단단하고 변하지 않는 돌의 힘은 하늘·해의 신성한 생명력과 같은 종류라 여긴 거야.
 그런데 말이야, 앞에서 말했다시피 용광법이 발견된 뒤로 돌에 대한 생각이 변했어. 돌이 땅의 신성함까지 품게 된 거야. 광석을 캐내기 시작하면서 돌을 대지모신의 자식이라 여기고, 대지모신처럼 생명의 근원, 풍요의 원천이라 여기게 된 거지.

하늘과 땅의 신성성과 생명력이 돌에게 스며들다 보니 이제는 바위에서 사람이 태어나거나 돌이 사람으로 변하는 신화가 등장했어.

돌이 사람으로 변하는 신화라고 한다면 대부분 가장 먼저 그리스·로마 신화를 떠올릴 거야. 많은 친구들이 만화로 된 그리스·로마 신화를 읽었으니까. 그럼 이해하기 쉽게 그 이야기부터 해 볼까?

사람들이 철을 사용하고부터 위험한 무기가 생기고 전쟁이 잦아지고 땅은 피로 물들었어. 그걸 본 제우스*는 화가 나서 포세이돈**을 불러 세상을 물에 잠기게 했지. 대홍수가 난 거야. 그러자 지상의 모든 생물은 죽고 데우칼리온과 피라만이 살아남았어. 데우칼리온과 피라는 신전으로 가서 신에게 물었어. 대체 무엇을 해야 하느냐고. 신이 대답했어.

"머리에 베일을 쓰고 옷을 벗은 후 이곳에서 나가 너희들 어머니의 뼈를 등 뒤로 던져라."

데우칼리온과 피라는 신의 말뜻을 알아채지 못했어. 부모의 뼈를 던지라니! 그건 자식으로서 도저히 할 짓이 아니잖아. 그러나 이내 깨달았지.

---

* 그리스 신화에 나오는 최고의 신. 천지의 모든 현상을 주재하고 인간 사회의 정치, 법률, 도덕을 지키는 존재로, 로마 신화의 유피테르(주피터)에 해당한다.

** 그리스 신화에 나오는 바다, 강, 샘을 지배하는 신. 제우스의 동생이다. 올림포스 12신 가운데 하나로 바다 밑의 궁전에 살면서 황금 갈기를 가진 말을 타고 바다를 건너다니고, 세 갈래의 창으로 바다와 육지를 들어 올려 지진을 일으킨다고 한다. 로마 신화의 넵투누스에 해당한다.

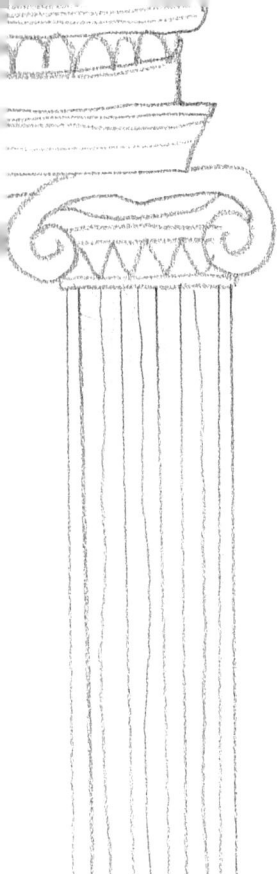

'땅은 만물의 위대한 어머니이니 어머니의 뼈는 돌이 아니겠는가.'

그래서 데우칼리온과 피라는 '위대한 어머니의 뼈'인 돌을 등 뒤로 던졌어. 그러자 돌이 사람으로 변하기 시작했지. 남자인 데우칼리온이 던진 돌은 남자가 되고, 여자인 피라가 던진 돌은 여자가 되었어. 돌이 인간의 근본이라는 이야기지.

대지모신의 뼈가 사람으로 변하는 이야기는 유럽의 리투아니아에도 있어. 리투아니아에 전해 오는 이야기에서도 대홍수가 있었고, 남녀 한 쌍이 살아남았지. 그러자 신이 이들에게 대지모신의 뼈들을 아홉 번 뛰어넘으라고 말해. 살아남은 남녀는 신의 말대로 물에 휩쓸려 나온 돌들을 아홉 번 뛰어넘었어. 그러자 남녀 아홉 쌍이 생겨나 리투아니아의 조상이 되었대.

중앙아메리카 카리브 족도 자신들의 최초 조상은 돌이었다고 말해. 기름진 땅에 씨 뿌리듯 돌을 뿌리니 그

돌이 자라서 남자와 여자가 되었다는 거야.

중국 소수민족 중의 강 족은 흰 돌에서 자신들의 조상이 태어났다고 믿어서 흰 돌을 신성한 돌로 모시기도 하지.

중국 유랑 민족인 어룬춘 족은 신이 태초에 돌로 사람을 만들었다는 신화를 가지고 있어. 옛날에 하늘신 은두리가 돌 다섯 개를 가져다 사람 모양을 조각했는데, 돌이 살아서 펄펄 뛰는 진짜 사람이 되었대. 그런데 돌로 사람을 만들다 보니 세월이 가도 사람들이 죽지

않는 거야. 인구가 점점 늘어난 거지. 돌사람이 계속 늘어나니까 세상은 돌사람으로 꽉 차서 더 이상 살아갈 수가 없었대. 할 수 없이 은두리는 돌사람들을 모두 없애고 진흙으로 다시 사람을 만들었대.

이런 신화들을 보면 돌이 지닌 생명력은 사람을 창조하는 힘, 생산하는 힘과 연결된다는 것을 알 수 있어.

그런데 돌이 창조하고 생산해 낸 사람들은 일반 사람이 아니라 대개가 최초의 사람이거나 왕·영웅 같은 사람이야. 왕이나 자기 민족의 시조는 특별한 사람이고 그가 지닌 힘이 특별하다는 것을 나타내기 위해서 돌에서 태어났다는 이야기가 생겨났다고 볼 수 있지. 돌이 지닌 신성함, 강인함, 생명력, 창조력 같은 상징성을 왕이나 영웅, 또는 씨족·민족·국가 시조에게 부여해 주기 위해서 말이야.

신라의 도읍지였던 경주에 가면 표암이라는 바위가 있는데, 『삼국유사』에 의하면 이 바위는, 신라의 이알평이 하늘에서 내려온 곳이래. 이알평이 누구인지 모르겠다고? 이알평은 신라의 첫 번째 임금인 박혁거세를 왕으로 추대한 사람이야. 그리고 최초의 경주 이씨 사람이지. 경주 이씨의 시조인 거야. 그러니까 표암은 경주 이씨의 근원지인 셈이지.

동부여의 금와왕은 바위 밑에서 발견되었어. 『삼국유사』를 보면 동부여 금와왕 탄생과 관련하여 이런 이야기가 쓰여 있어.

"동부여의 부루왕은 늙도록 아들이 없었다. 하루는 산천에 제사를 지내고 아들을 구할 때, 탔던 말이 곤연에 이르러 큰 돌을 마주 대하고 눈물을 흘렸다.
왕이 사람을 시켜 그 돌을 굴려 들춰보니
금빛 개구리(金蛙 금와) 모습을 한 어린아이가 있었다."

동부여 사람들은 금와왕을 바위가 지닌 신성함과 생명력, 강인함과 연결시켜 생각하려 했던 거야. 동부여 사람들은 그렇게 이야기하고 믿으면서 자기 민족에 대한 자긍심을 가졌던 거지.
그렇다면 돌에서 태어나는 것은 사람뿐일까? 그렇지 않아. 돌에서 태어나는 신도 있어.

햇빛이 변해서 솔방울같이 생긴 초록빛 녹송석을 만들고,
녹송석이 변해서 하얀 기운 한 덩어리 만들고,
하얀 기운 한 덩어리가 변해서 아름답고 신묘한 소리를 만들고,
아름답고 신묘한 소리가 변해서 최고 선신 의격와격을 만들었다.
달빛이 변해서 검은 보석을 만들고,
검은 보석이 변해서 검은 기운 한 가닥을 만들고,
검은 기운 한 가닥이 변해서 시끄러운 소리를 만들고,
시끄러운 소리가 변해서 최고 악신 의고정나를 만들었다.

이 이야기는 중국 남쪽 윈난 성에 사는 나시 족의 신화야. 나시 족은 착한 신 의격와격의 근본은 초록빛 녹송석 즉, 초록 돌이고, 악한 신 의고정나의 근본은 검은 보석이라며 착한 신이나 악한 신 모두 근

본이 돌이라고 말해.

　돌 속에서 태어나는 인물은 또 있어. 그 유명한 손오공! 『서유기』의 주인공 손오공도 커다란 바위 속에서 태어나지. 화과산 커다란 바위가 둘로 갈라지면서 수박만 한 돌알 하나를 낳는데, 그 돌알이 쪼

개지면서 원숭이 하나가 태어나. 이 원숭이가 바로 말썽 많은 손오공, 삼장법사를 수호하는 손오공이야.

손오공은 이야기 속 인물이긴 하지만 평범한 인물은 아니지. 삼장법사가 서천국에 가서 불경을 가져올 수 있도록 돕는 영웅 중의 영웅이야. 게다가 천도복숭아를 먹고 죽지 않는 불사의 몸이 되지.

돌에서 평범하지 않은 인물이 태어나는 이야기는 우리 신화에도 있어. 함경북도 함흥 지역에는 집을 지켜 주는 성주신 강방데기 신화가 전해 오는데, 성주신 강방데기도 돌에서 태어난 신이야.

돌에서 태어난 성주신 강방데기

옛날옛날, 하늘나라에 강방데기가 살았어. 하루는 강방데기가 옥황상제의 벼룻물을 나르다가 그만 연적을 떨어뜨렸지 뭐야. 옥황상제가 특별히 아끼는 연적이었는데 말이야. 옥황상제는 불같이 화를 냈어.
"네 이놈! 어찌 귀한 연적을 소홀히 다루었느냐?"
"잘못했습니다. 한 번만 용서해 주십시오."
강방데기는 용서를 구했지만 옥황상제는 강방데기를 하늘나라에서 땅나라로 내쫓고 말았어. 땅나라에서 다시 태어나는 신세가 된 거지.

그런데 강방데기는 땅나라에서 다시 태어날 때 사람의 몸을 빌어 태어나지 않았어. 그럼 어디서 태어났을까? 그건 돌이야. 강방데기는 바로 돌에서 태어났어. 그것도 길쭉하고 높이 솟은 커다란 돌 속에서 말이야.

땅나라에서 다시 태어난 강방데기는 살 집을 찾았어. 하지만 마땅한 집이 없었지. 땅나라 사람들은 겨우 나뭇가지를 얼기설기 엮어 만든 움집에서 살고 있었거든.

강방데기는 사람 사는 것을 보곤 생각했어.

"내가 사람들을 위해 집을 지어야겠다."

그날부터 강방데기는 바위 속에서 살면서 나무를 깎아 집을 만들었어. 뚝딱뚝딱, 으싸으싸. 그리고 집을 다 지은 후에는 집을 지키는 성주신이 되었대.

비록 하늘나라에서 쫓겨난 몸이긴 하지만 강방데기는 사람이 아니고 신이야. 집을 만들고 지키는 성주신. 그래서 여느 사람과는 다르게 신성하고 영원불멸한 힘을 가진 바위에서 태어났나 봐.

신이 태어난 것은 아니지만 신이 세상으로 나오는 통로가 된 바위도 있어. 울산에 가면 바다 한가운데에 처용암이라는 바위가 있는데 처용암이 바로 그런 바위야.

전하는 이야기에 의하면, 신라 헌강왕이 개운포에서 놀다 돌아가는 길에 갑자기 구름과 안개가 앞을 가려 길을 잃게 되었대. 당시 별자리를 보고 운세를 점치는 일관이 이것을 보고, 동해 용이 조화를 부리는 것이니 임금이 좋은 일을 하면 용이 노여움을 풀 것이라고 말

전설의 처용암 울산광역시 외항강 하구에 떠 있는 바위섬이다. 처용암에서 나왔다는 동해 용왕의 아들 처용은 『삼국유사』, 『삼국사기』, 『세종실록지리지』 등 여러 옛 기록에서 이야기가 전해 온다.

했어. 그 말을 들은 왕이 근처에 용을 위한 절을 세우도록 명령을 내렸지. 그러자 구름과 안개가 걷히고 해가 났어. 또 동해 용왕이 기뻐하며 일곱 아들을 거느리고 와서 춤을 추었지. 일곱 아들 중 처용이란 자는 왕을 따라가 나랏일을 도왔는데, 처용이 나온 곳이 어디냐 하면, 바로 바위 밑이야. 그래서 그 바위를 '처용암'이라고 부르게 된 거래.

   돌에서 난 신이나 인물 이야기를 하다 보니 동양 사람이나 서양 사람이나 사는 곳은 다르고 생긴 모습은 달라도 세상에 대해서는 비슷한 생각을 한 것 같아.

돌은 생명이다   49

3. 돌에게 빌어 태어난 사람

 돌이 사람으로 변한다거나 강방데기처럼 돌에서 태어나는 사람도 있지만, 사람이 돌의 신성한 힘을 얻어서 아기를 낳는 경우도 있어. 이것은 돌이 아기를 낳지 못하는 여인에게 자신의 영험한 힘을 나눠 주어 아기를 낳게 해 주기 때문이야.

 말도 안 된다고? 그래, 말이 안 되지. 지금은 이런 이야기가 터무니없이 들리는 시대니까. 하지만 옛날 사람들은 신성한 돌이나 바위를 찾아가 정성을 다해 기도하면 아기를 얻게 된다고 믿었어. 실제로 그렇게 해서 아이를 얻었다는 사람도 많고 말이야. 요즘 친구들은 이런 이야기가 미신 같고, 말하기 좋아하는 사람들이 지어 낸 이야기 같을 거야. 하지만 옛날에는 이런 이야기가 흔했어. 아기를 낳지 못하는 여인들이 아기 주는 돌을 찾아가 기도를 하고 아기를 낳았다거나, 비석처럼 우뚝 서 있는 선돌을 찾아가 기도하고 아기를 낳았다는 이야기 말이야.

　영험하다고 소문난 돌을 찾아가 아기를 달라고 기원하는 돌신앙은 아들을 귀하게 여긴 농경 사회에서 많이 나타났어.

　지금은 농부들이 볍씨를 뿌리고 모내기를 하고 추수를 할 때 탈곡기나 트랙터 같은 농기계를 사용하지만 불과 50년 전까지만 해도 농사는 순전히 사람 손으로 짓는 일이었어. 논밭을 갈거나 방아를 찧거나 무거운 짐을 나를 때 소나 말을 이용하기도 했지만 대개의 일은 사람이 직접 했지. 그러니 농촌에서는 자연히 일손을 중요하게 생각했어. 일손 중에도 무거운 쌀가마도 거뜬히 들어 옮길 수 있는 힘센 장정의 일손을 좋아했지. 농경 사회는 점점 남자 중심의 사회로 변해 갔고, 아들을 중요하게 생각하게 되었어. 또 아들 많이 낳는 것을 복으로 생각했고 말이야.

　하지만 모든 사람이 아들을 잘 낳고, 많이 낳는 것은 아니잖아? 어떤 여성은 아기를 전혀 낳지 못하고, 어떤 남성은 전혀 아기씨를 못 주기도 하거든. 게다가 아들·딸은 사람이 선택해서 낳을 수가 없는 문제고.

　그런데도 유교 사회에서는 여성이 아기를 낳지 못하면 타박하거나 내쫓았지. 상황이 이렇다 보니 여성들은 아들을 낳기 위해 별의별 노력을 다 할 수밖에 없었어. 영험하다는 바위가 있으면 어디든 찾아가 기도하고, 돌을 갈아 마시는 것도 마다하지 않았지. 이런 상황에서 사람들의 바람이 돌신앙을 점차 아들 얻기 위한 신앙으로 변하게 만들었나 봐.

아기 주는 붙임바위 이야기

이 이야기는 실제 있었던 일이래.

어느 마을에 정씨 성을 가진 아주머니가 외아들한테 시집을 갔어. 시부모들은 날이면 날마다 빨리 아들을 낳아 대를 이으라고 성화였지. 정씨 아주머니는 시부모 소원대로 빨리 아기를 낳고 싶었지만 아기가 생기지 않았어.

그러던 어느 날, 정씨 아주머니는 서울 관악산에 연주암이라는 절이 있는데, 그 절 붙임바위가 영험하다는 소문을 들었어.

정씨 아주머니는 혹시나 하는 마음에 날마다 연주암에 올랐어. 절에 가서는 사람들이 일러준 대로 주먹만 한 돌멩이를 주워 붙임바위에 문지르면서 기도를 했지. 하루도 빠지지 않고 동트기 전에 붙임바위에 올라가 기도를 했어.

그러던 어느 날이었어. 그날도 정씨 아주머니는 붙임바위에 돌을 문지르며 기도를 했지. 그런데 문지르던 돌이 어느 순간 붙임바위에 철썩 들러붙더니 떨어지지 않는 거야! 손을 떼어도 돌이 바위에 들러붙어 떨어지지 않아! 정씨 아주머니는 깜짝 놀랐어.

"이런 신기한 일이!"

그로부터 열 달 후, 정씨 아주머니는 마

침내 아기를 낳았어. 그것도 바위처럼 튼튼한 아들을.
붙임바위 덕에 아들을 낳은 정씨 아주머니는 그 후로도 줄곧 기도를 하러 다녔어. 그리고 기도 덕으로 아들 둘, 딸 하나를 더 낳았대.

참으로 신기한 일이지? 바위가 아기를 낳게 해 주다니!
물론 아기를 낳게 해 준 힘이 정말로 붙임바위에서 나왔는지 아닌지는 알 수 없어. 그러나 붙임바위에 날마다 기도를 한 후엔 아들을 얻었으니 모든 것이 붙임바위 덕이라고 믿는 것은 당연한 일이었지.
이런 경험담은 정씨 아주머니만이 가지고 있는 건 아니야. 또 아기를 낳게 해 주는 신령스러운 바위가 연주암 붙임바위만 있는 것도 아니고. 우리나라 곳곳에는 아기를 낳게 해 주는 특별한 힘을 가진 돌과 바위가 아주 많아.
지금은 없어졌지만 서울 세검정 부암동에는 붙임바위라는 큰 바위가 있었어. 작은 돌멩이를 쥐고 갈듯이 붙임바위를 문지르며 기도를 하면 어느 순간 딱 달라붙고, 그러면 소원이 이루어졌대.
충북 옥천 송정마을의 알터바위도 작은 돌로 문지르며 기도하는 바위야. 이 바위 역시 아기를 낳게 해 주는 신성한 바위지. 이 밖에도 아기를

북한산 붙임바위

관악산 붙임바위

얻기 위해 작은 돌로 문지르며 기도하는 바위는 많아.

돌을 문지르는 방법 말고, 부산 금곡동의 알터바위처럼 길쭉한 돌로 구멍을 갈거나 돌에 난 틈새에 작은 돌을 던져 넣어서 아들 낳기를 소망하는 경우도 있어.

서울 불암산에는 부용이란 바위가 있는데, 예부터 어른들은 이 바위에 가시나무를 겹겹이 심어 동네 처녀들이 근처에 가지 못하도록 했어. 바위 사이에 돌멩이 하나를 얹으면 아기가 생기는데 괜히 결혼도 안 한 처녀에게 아기라도 생길까 봐 걱정했기 때문이라는 거야.

서울 관악산 서쪽 삼막사에는 던짐바위라는 높고 큰 바위가 있는데, 땅에서 4미터쯤 위에 네모난 구멍이 하나 나 있어. 아들 낳기를 바라는 여인이 바위 밑에서 작은 돌을 던져 이 구멍에 얹으면 소원을 이룬대.

순천 선암사 가는 길에는 비녀바위라는 신석(신성한 돌)이 있어.

불암산 알바위

부산 금곡동 알터바위

비녀바위는 원래 하나인데 윗부분이 두 쪽으로 갈라져 있지. 만약 길가에 서서 돌을 던졌을 때 돌멩이가 비녀바위 갈라진 틈 속으로 들어가면 그 사람은 아들을 낳을 수 있대.

그런데 이런 행동은 무엇을 의미할까? 아들을 낳기 위해 신석을 문댐돌로 문지르거나 작은 돌을 던져서 신석의 구멍이나 틈새에 넣는 것 말이야. 학자들 말에 의하면 이것은 남녀가 아기를 낳기 위해 하는 행위를 상징한대. 단지 주술•적으로 하는 행동인 거지. 주문을 외는 것처럼 말이야.

돌과 바람과 여자가 많아 삼다도라고 부르는 제주도에도 아기 주는 신성한 돌이 있어. 유명한 것은 눈미웃당 삼승또야. 이름이 좀 낯설지? 눈미웃은 마을 이름이고, 당은 신이 계신 곳을 말해. 또 삼승또는 아기를 점지해 주는 여신이라는 뜻이야. 그러니까 눈미웃당 삼승또는 눈미웃 마을의 아기 주는 여신이란 뜻이지.

• 불행이나 재해를 막으려고 주문을 외거나 술법을 부리는 일.

돌로 변한 옥황상제 공주 이야기

눈미웃당 삼승또는 원래 하늘나라 옥황상제의 셋째 공주야. 그런데 무슨 일인지는 몰라도 하늘나라에서 큰 잘못을 저질렀나 봐. 옥황상제는 화가 나서

"너는 더 이상 하늘나라에서 살 수 없다. 앞으로는 인간 세상에 내려가 살도록 하라!"

소리쳤어. 그래, 하늘공주는 인간 세상으로 내려오게 되었어.

하늘공주가 인간 세상에서 자리를 잡은 곳은 옥빛 바다로 둘러싸인 아름다운 섬 제주도였어. 공주는 제주도의 오름• 하나에 살 곳을 마련했어.

하늘공주가 자리 잡은 오름 근처에는 마을이 있었는데 이 마을에는 자식 없는 여인이 살고 있었어. 그 여인은 아기를 낳고 싶었지만 아무리 애를 써도 아기가 생기지 않아 늘 한탄하며 지냈어.

"나는 왜 이리도 복이 없을까? 남들은 서넛씩 낳는 아기를 나는 왜 단 하나도 갖지 못할까?"

여인은 슬퍼서 날마다 눈물을 훔쳤어.

그러던 어느 날, 오름에 하늘공주가 내려와 산다는 소문을 들었어. 여인은 소문을 듣자마자 득달같이 오름으로 달려갔어. 그리고 소리쳐 기도했지.

"공주님, 공주님, 하늘공주님. 어디 계세요? 제 말이 들리시나요? 제 말이 들리시거든 제 소원 좀 들어주세요. 이 미천하고 외로운 여인이 자식 하나 갖는 게 소원입니다. 제발 제 소원 좀 들어주세요."

여인은 간절한 마음으로 빌고 또 빌었어.

하늘공주는 울며 기도하는 여인이 가여웠어. 자식 없어 애달파 하는 여인의 마음이 하늘공주의 마음에 닿은 거야.

하늘공주는 자신이 가진 신통력을 이용하여 그 여인에게 자식을 점지** 해 줬어. 여인이 마침내 아기를 갖게 된 거지.

여인은 하늘공주가 너무너무 고마워 감사를 드릴 겸 맛난 음식을 한 광주리 해 가지고 오름으로 찾아갔어. 하지만 하늘공주가 살고 있는 오름이 높아서 임신한 몸으로는 올라갈 수 없었지. 땀을 뻘뻘 흘리며 오름을 오르던 여인이 결국엔 주저앉고 말았어.

"공주님, 공주님, 하늘공주님. 제가 몸이 무거워 오름을 올라갈 수가 없습니다. 공주님께서 오름 아래로 내려와 편안한 곳에 자리를 잡으시면 제가 공주님을 위해 음식을 올리고 제를 지내겠습니다."

여인이 말을 끝내자 신기하게도 오름 위에서 집채만 한 바위 하나가 데굴데굴 굴러 내려오기 시작했어. 그러더니 오름 아래에 떡하니 자리를 잡지 뭐야!

대체 이 바위가 뭐람?

뭐긴. 하늘공주지. 하늘공주가 땅으로 내려올 때 사람의 모습이 아니라 바위의 모습으로 내려온 거지.

그 후로 마을 사람들은 하늘공주인 바위를 아기 주는 신, 삼승또로 모셨어. 또 삼승또가 비 맞고 눈 맞지 않도록 당을 짓고 제를 올렸지. 그게 바로 눈미웃당 삼승또야.

---

* 작은 산을 의미하는 제주의 방언으로 큰 화산 옆쪽에 붙어서 생긴 작은 화산을 말한다.

** 신령과 부처가 사람에게 자식을 갖게 해 줌.

그러니까 눈미웃당에 모셔져 있는 돌은 그냥 돌이 아니라 여인들에게 아기를 점지해 주는 여신의 몸인 거지.

요즘도 이 마을 사람들은 눈미웃당 삼승또를 찾아가 기도를 해. 그런데 워낙 영험하고 신령스러워서 사람들은 삼승또를 숭배하면서도 한편으론 두려워해. 눈미웃당의 출입문은 옆으로 밀어 여는 미닫이 문인데, 사람들은 문 끝에 서서 조심스레 문을 당겨 열고 들어가지. 절대 정면에서 열고 들어가는 행동을 하지 않아. 자칫하면 신이 노여워할 수가 있거든.

또 당 안에 들어가서도 결코 소란스레 움직이거나 시끄럽게 떠들지 않아. 당 안에 들어가면 촛불을 켜고 음식을 바치고 조용히 기도

제주도 눈미웃당 삼승또

를 해. 기도가 끝나면 자기가 있었던 흔적을 말끔히 치우고 돌아가고. 집으로 돌아가는 길에는 절대 입을 열어 말을 하지 않아. 그러면 신에게 얻은 신성한 힘이 사라지기 때문이래.

지금도 눈미웃당 삼승또를 찾아가 기도하는 사람들이 많은 걸 보면 돌을 신성하게 생각하고 숭배하는 것이 옛날 일만은 아닌 거지.

아기 주는 돌·바위는 다른 나라에도 많아. 몽골에는 어머니바위라는 신성한 바위가 있는데, 아들을 낳고 싶은 몽골 사람들은 이 바위를 찾아가 기도를 한대. 어머니바위에 기도해서 얻은 자식은 '어머니의 자식'이라고 부르는데, '어머니의 자식'을 낳게 되면 1년 안에 반드시 어머니바위를 다시 찾아가 어머니바위에게 아이 얼굴을 보여 주며 감사 인사를 한대. 그래야 복을 받으며 살 수 있기 때문이래. 이건 어머니바위의 은혜를 잊지 말라는 뜻이겠지?

어느 민족이나 아기를 낳고 그 아이가 건강하게 자라나는 것은 중요한 문제야. 아기가 자라서 가정을 이어가고 나라의 맥을 이어가기 때문이지. 그래서 아기 주는 바위는 우리나라와 몽골만이 아니라 세계 여러 나라에 있어.

눈미웃당 삼승또나 붙임바위 같은 신석들은 대개 자연 그대로의 바위야. 사람들은 이런 자연석 말고도 돌로 만든 미륵불● 앞에서도 돌을 문지르며 기도를 했어. 안동의 이천동 석불상이나 충남 아산에 있는 용화사 미륵불, 송악 용담사 미륵불이 그런 예지.

안동 이천동 석불상은 매우 크고 아름다워. 이 돌미륵 앞에는 동그란 문댐돌 하나가 놓여 있는데, 그동안 얼마나 많은 사람들이 돌을

● 불교의 이상적인 보살 가운데 하나로 석가모니불에 이어 중생을 구제할 미래의 부처.

안동 이천동 석불상 안동 제비원 돌미륵이라고도 한다. 고려 시대 불상으로 보물 115호이다. 원래 얼굴은 없던 불상인데 350년 전 조선 시대에 얼굴을 만들어 올렸다고 전해진다. 불상 옆에는 소원 비는 돌이 있다.

문지르며 기도했는지 문댐돌은 손때가 묻어 반질반질하고, 밑돌은 윗부분만 둥그렇게 색깔이 달라졌어.

돌미륵 앞에서 아기를 달라고 기도하는 것은, 돌을 숭배하는 마음과 불교가 합쳐져서 생겨난 거라고 할 수 있어.

아기 주는 신성한 돌 중에는 '선돌'도 있어. 선돌은 돌기둥처럼 길쭉하고 하늘을 향해 우뚝 서 있는 돌이야. 우리나라에는 아기를 주는 선돌이 무려 840여 기나 있어. 그중 하나를 이야기해 줄게.

경남 남해 가천마을에는 암수바위라는 한 쌍의 바위가 있어. 조선 영조 27년(1751)에 남해 현령 조광진의 꿈에 한 노인이 나타나 계시를 해서 발견했다는 신석이야. 마을 사람들은 이 암수바위를 암미륵, 수미륵으로 부르는데, 암미륵은 임신한 여인이 만삭의 몸으로 비스듬히 누워 있는 모습을 하고 있고, 수미륵은 남성의 성기 모습을 하고 서 있어.

그런데 이 바위가 어찌나 영험한지 아이를 갖지 못한 여인이 아무도 모르게 수미륵 밑에서 기도를 드리면 반드시 아들을 낳았대. 그 소문을 들은 다른 지방 여인들도 남몰래 암수바위를 찾아와 기도를 하고 갔대.

암수바위는 사람에게만 아기를 주는 게 아니야. 어부가 처음 잡은 고기를 암수바위에 걸어 놓으면 암수바위가 고기를 많이 잡게 해 준대. 또 사고도 안 나게 해 주고. 그래서 마을 사람들은 지금도 해마다 음력 10월에 풍요를 기원하며 이 암수바위에게 제사를 지내.

가천마을의 수미륵처럼 아기 주는 선돌 중에는 사람의 성기처럼

가천마을의 아기 주는 암수바위

생긴 게 많아. 그중 끄트머리가 둥근 선돌은 여근석, 뾰족하거나 테두리가 있는 선돌은 남근석이라고 불러. 여근석과 남근석은 원래부터 그렇게 생긴 것도 있지만, 사람이 일부러 만든 것들이 많아.

굳이 자연석을 남녀 성기 모양으로 만들어 신석으로 모시는 것은, 돌을 신성하게 생각하는 마음에 자식을 많이 갖고자 하는 마음이 합쳐져서 생긴 거야. 자식을 낳게 하는 '성'을 중요하게 생각하는 마음이 합쳐진 거지.

다산신을 모신 유럽의 신전

 유럽 지중해 부근 키프로스(사이프러스)에는 파포스라는 고고 유적 도시가 있어. 파포스는 풍요와 생산을 가져다주는 다산신에 대한 숭배를 나타내는 유적으로, 아름다운 사랑의 여신 아프로디테와 고대 다산신들을 모시는 신전이야. 그리스·로마 신화에 따르면 아프로디테는 파포스 근처 바닷가 물거품 속에서 태어났다고 해.
 미와 사랑의 여신 아프로디테에게 바치는 파포스 신전은 기원전 1200년 무렵에 세워졌어. 100여 개의 방과 넓은 예배 공간이 있는 큰 규모의 건물이었지만 오늘날에는 돌담과 커다란 조각의 흔적만 남아 있어.
 고대 파포스 신전에는 아프로디테를 상징하는 검은 돌이 신처럼 모셔져 있었는데, 여성의 생식기 모양으로 만들어진 돌이었다고 해. 사람들은 검은 돌을 신으로 여기며 다산을 기원했다지.

고대 파포스 신전과 다산신을 상징하는 검은 돌

3부 **돌은 밥이다**

"이런, 깊은 산중에 웬 쌀이지?"
남자가 고개를 갸웃거리는데 그 곁에 또 다른 쌀 한 톨이 떨어져 있어.
그 앞에도 한 톨, 또 그 앞에도 한 톨.
남자는 신기해서 떨어져 있는 쌀알들을 따라가 봤어. 그랬더니 바위에 난
조그만 구멍에서 쌀알이 한 톨 두 톨, 톡 톡, 떨어지고 있지 뭐야.
남자는 싱글벙글 좋아서 구멍 밑에 그릇을 갖다 놓았어.
잠시 후에 한 사람 먹을 쌀이 그릇에 찼어.
"에구 고맙습니다."

1. 풍년 주는 바위

충청남도 서산 부석면에는 '검은여'라는 바위가 있어. 사람들은 해마다 4월에 검은여 바위 앞에서 음식을 바치고 제를 지내. 지역 주민들이 병 없이 건강하게 살게 해 달라고 빌고, 농사짓는 사람에게는 풍년이 들게 해 달라고, 또 어부들에게는 물고기가 많이 잡히게 해 달라고 비느라 제를 지내는 거지.

부석면 사람들이 이 바위를 신성하게 생각하게 된 것은 바위가 바

닷물에 잠겼다가 스스로 모습을 드러내기를 반복했기 때문이야. 옛날 사람들은 스스로 사라졌다가 다시 나타나는 것을 보면, 그것에게는 죽음과 부활의 신성한 힘이 깃들어 있다고 생각했거든.

 이런 예로는 달이 대표적이야. 보름달은 날마다 조금씩 기울다가 그믐이 되면 사라지잖아. 그러다가 또 날마다 조금씩 차올라 다시 보름달이 되지. 옛날 사람들은, 이런 현상을 보고 달이 죽었다가 스스로 다시 태어나는 신성한 힘을 갖고 있다고 여겼어. 뱀이나 개구리, 곰 같은 동물도 마찬가지야. 겨울잠을 자는 동물들은 겨울이 되면 사라졌다가 봄이 되면 다시 나타나잖아? 그래서 이런 동물들에게도 달처럼 죽

검은여 바위에 지내는 마을제사 검은여에서는 해마다 4월 초에 돼지머리, 술과 떡을 준비하여 검은여제라는 풍어제를 지낸다. 간척지 공사를 하기 전까지는 밀물 때 바닷물에 잠겨 윗부분만 드러났는데, 그 색깔이 검은색이어서 검은여라 불렀다.

었다가 다시 태어나는 힘이 있다고 생각해 신성하게 여겼어. 계절이 바뀌면 다시 돌아오는 철새들도 마찬가지고.

그런데 검은여 바위가 바닷물에 잠겼다가 스스로 모습을 드러내니 신성하게 여기지 않을 수 없었지. 지금은 서산 천수만에 물막이 공사를 해서 검은여 바위가 서 있던 땅이 육지가 되었고, 더는 검은여 바위가 사라졌다가 스스로 나타나는 모습을 볼 수 없게 되었지만 말이야.

사람들에게 풍년을 주고 풍어를 약속해 주는 검은여 바위에는 신기한 이야기가 전해 와. 옛날 노인들 말에 의하면 검은여 바위 밑에는 우리나라 사람이 석 달 먹을 양식이 잠겨 있대.

이런 전설이 진짜이건 아니건 그런 건 안 중요해. 중요한 것은 사람들이 신성하게 여기는 바위는 늘 풍요와 다산과 연관되어 있다는 점이야. 사람들이 신석을 풍요나 다산과 관련지어 생각하는 것은 사람에게 가장 중요한 것은 먹고 사는 문제이기 때문일 거야.

한반도는 사계절이 뚜렷하여 우리 겨레는 일 년을 주기로 벼농사를 지으며 살았어. 한 해 농사를 지어 그다음 한 해를 사는 방식이지. 가을에 거두어들인 곡식이나 열매를 모아뒀다가 다음 가을까지 먹고 사는 거야. 그러다 보니 만에 하나 흉년이 들면 다음 해에 추수할 때까지 온 식구가 쫄쫄 굶어야 했지. 이삼 년 계속해서 흉년이 들면 굶어 죽는 사람은 수도 없이 늘어났어. 그러니 풍년이 드느냐, 흉년이 드느냐는 농경 사회 사람들에게 가장 중요한 문제인 거야. 아들 많이 낳는 것만이 아니라, 곡식이나 과일이 열매를 많이 맺는 것, 가축이 새끼를 많이 낳는 것이 큰 복인 거지.

그래서 사람들은 신성한 돌을 찾아가 아기 달라는 기도를 하고, 풍년 들게 해 달라고, 가축들이 새끼를 많이 치게 해 달라고, 그러한 복을 두루두루 달라고 기도를 했어.

다산과 풍요를 가져다주는 신석은 여러 종류야. 그중 대표적인 신석은 거북 모양의 바위야. 거북은 오래 살고, 한꺼번에 알을 많이 낳기 때문에 사람들에게 다산과 풍요와 부귀의 상징이 되었어.

거북이 복을 주는 이야기는 옛이야기에 많이 나와. 가난한 어부가 거북을 잡았다가 놓아 주거나 가난하고 마음씨 고운 주인공이 위기에 처한 거북을 구해 주었는데, 그 거북이 사실은 용왕의 아들이어서 주인공을 용궁으로 초대해 보물을 준다는 이야기 말이야. 이런 옛이야기가 많은 것도 거북이 신령한 존재, 복을 주는 존재라는 생각이 있기 때문이지. 이런 생각이 널리 퍼져 있어서 사람들은 거북을 닮은 바위를 여느 돌보다 신령스럽게 생각했어.

충청북도 중원에 있는 '거북바위'는 부자가 되게 해 주는 바위라는 전설이 있어. 이 거북바위는 복(福)을 먹고 복똥을 누는데, 장천리 쪽으로 복똥을 누면 장천리 사람이 부자가 되고, 목계리 쪽으로 복똥을 누면 목계리 사람이 부자가 된다고 해.

풍요를 원하는 건 고기잡이를 하는 어부들도 마찬가지야. 부석면 사람들이 검은여 바위에서 풍어제를 지내는 것처럼 어촌 사람들은 신석에서 풍어를 기원하는 제를 올리지.

제주도에도 풍어를 가져다주는 신석이 있어. 그중 하나가 화북마을 신석이야.

물고기 많이 잡게 해 주는 돌

옛날 제주 화북마을에 윤씨 하르방이 살았어. 하르방이 하루는 바다로 갈치를 잡으러 갔지. 그런데 갈치 대신 석상 하나가 그물에 걸려 올라와. 윤씨 하르방은 화가 나서 석상을 바닷물에 던져 넣고는 또다시 그물을 던졌어. 그런데 또다시 석상이 걸려 올라오지 뭐야. 그렇게 세 번이나 걸려 올라오자, 윤씨 하르방은 예사로운 일이 아니라고 생각했어. 그래서 석상을 뱃머리에 놓고 말했지.

"혹시 당신이 우리 신이라면, 배가 가득하도록 고기를 잡게 해 주세요."

그러자 갑자기 갈치가 마구마구 잡혀 올라와 배는 순식간에 고기로 가득 차게 되었지. 그런데 윤씨 하르방이 마을로 돌아와서는 석상을 돌볼 생각을 하지 않고 그냥 포구에 내려놓고 집으로 가 버린 거야.

포구에 들어오는 배들은 튼튼한 석상이 있으니까 그 석상에 닻줄을 맸지. 태우배, 낚싯배, 발동선, 온갖 배들이 석상에 닻줄을 맸어. 그러자 석상 허리는 점점 죄어들어 갔어. 그때쯤이었어. 윤씨 하르방 몸에 부스럼이 나고 여기저기 아프기 시작한 게.

윤씨 하르방은 유명하다는 의원과 약방을 모조리 찾아다니며 약을 구해 먹었지만 낫지 않았어. 그래 할 수 없이 심방이라고 부르는 무당을 찾아가 물어보니 석상을 낮에는 볕이슬 맞게 하고, 밤에는 찬이슬 맞게 하면서 박대한 벌이라고 하지 뭐야.

윤씨 하르방은 그제야 자신이 뭘 잘못했는지 깨닫고 포구에 있던 석상을 동네 안으로 옮겨 모셨어. 그랬더니 병도 깨끗이 낫고, 고기도 많이 잡혀

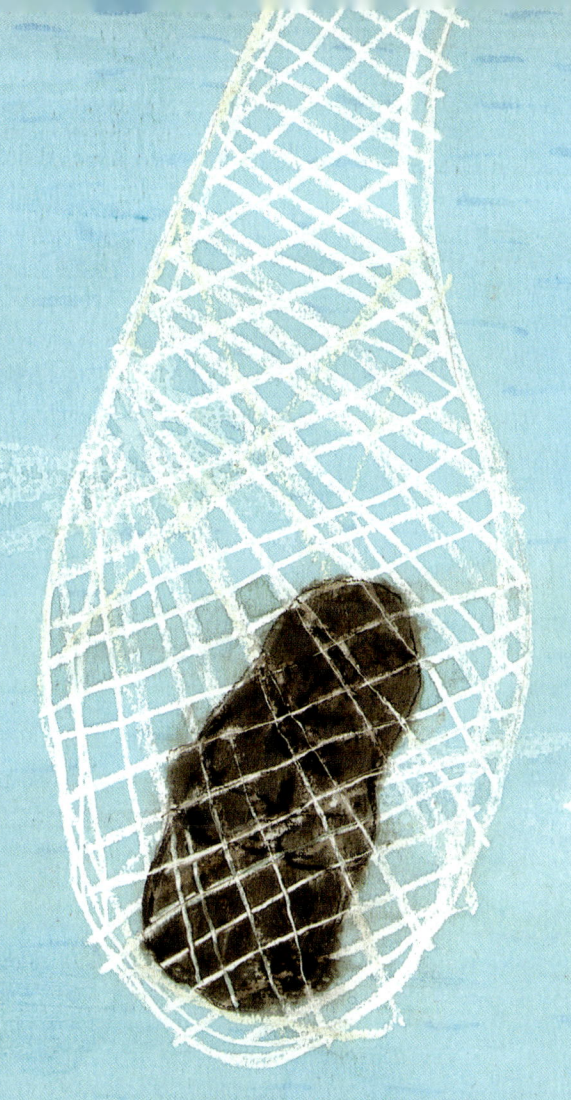

부자가 되었지. 얼마나 부자가 되었는지 나중에는 돈으로 벼슬자리까지 샀다지 아마.

그런데 하루는 마을 청년들이 돌을 믿는 것은 미신이라면서 석상 모신 당에 불을 질렀어. 그러자 신기한 일이 일어났어. 석상이 저 혼자 스르르 움직여 불길 속을 걸어나왔어! 청년들은 깜짝 놀랐어. 그 뒤에 어떤 일이 일어났게? 소문에 의하면 석상에 불 지른 청년들은 벌을 받아서 모두 물에 빠져 죽었대.

2. 쌀 주는 바위

옛날에 전라남도 백양사에 '쌀바위'가 있었는데, 이 바위에서는 늘 두 사람 먹을 만큼의 쌀이 나왔대. 하루는 절에 손님이 와서 쌀이 부족해졌어. 스님은 쌀을 더 나오게 하려고 쌀 나오는 구멍을 부지깽이로 쑤셨어. 그러자 불행하게도 쌀 대신 피가 나왔어. 지금은 세월이 많이 흘러 피는 멎고 맑은 물이 나온다지.

이런 전설은 왜 생긴 걸까? 수도하는 스님이니까 욕심 부리지 말라는 뜻에서 생겨났을까? 그런데 한편 이런 생각이 들어. 스님들이 오죽 쌀이 없고, 먹을 게 부족했으면 그런 행동을 다 했을까 하는.

나는 사람이 살아가는 데 가장 중요한 문제는 먹는 문제라고 생각해. 먹어야 목숨을 유지하고, 일을 하고, 놀 수도 있잖아. 요즘 사람들은, 단순히 먹고 사는 문제보다 잘 먹고 잘 사는 걸 더 중요하게 생각하지. 하지만 지구상 곳곳에는 먹지 못해 죽는 사람이 여전히 많

아. 그것도 아주 많아. 사람이 생존하기 위해 첫 번째로 필요한 것은 여전히 먹는 것, 양식인 거지.

그래서 사람들은 예나 지금이나 자기가 믿는 신에게 풍년이 들게 해 달라고, 고기를 많이 잡게 해 달라고 기도를 하지. 돌을 숭배했던 사람들은 물론 신석을 찾아가 기도를 했고.

하지만 아무리 영험한 신이라고 해도 해마다 풍년이 들게 해 주지는 못해. 설령 해마다 풍년이 들었다고 해도 모든 사람이 똑같이 땅을 나눠 갖지 않는 한 가난하고 굶주리는 사람은 있게 마련이지. 그래서 나온 이야기가 쌀 주는 바위 이야기인가 봐.

딱 한 끼만 나오는 쌀바위

옛날에 한 남자가 있었는데, 어찌나 가난한지 산비탈에 구덩이를 파고, 거적을 덮어 겨우겨우 비만 피하면서 살았어. 또 먹을 게 없어서 산나물을 캐 먹으며 하루하루 근근이 살았지. 그래도 마음씨 하나만은 비단결같이 곱고 정직했어.

하루는 남자가 잠을 자는데, 꿈에 머리 하얀 노인이 나타나서 이렇게 말했어.

"내일 아침 일찍 일어나서 발 가는 대로 걸어가면 굶어 죽지 않고 살 수 있을 것이다."

남자는 잠에서 깨어나 꿈속 노인이 시킨 대로 발 가는 대로 걸었어. 그런데 신기하게도 이 남자가 걸어가면 없던 길이 나오고 막힌 길이 뚫리는 거야.

한참을 가니까 가파른 바위 앞에 나무 하나가 서 있는데, 그 나무에 그림 한 장이 걸려 있었어. 자세히 보니 부처님 얼굴이야.

"아, 부처님이 여기에 절을 지으라는 뜻이구나."

남자는 가파른 바위 앞에 절을 짓기 시작했어. 물론 초라하기 그지없었지. 그런데 절을 짓다 보니 배가 고파. 먹을 게 없는데 배는 마냥 고픈 거야. 그래 한숨을 쉬고 있는데 갑자기 쌀 한 톨이 눈에 띄네!

"이런 깊은 산중에 웬 쌀이지?"

남자가 고개를 갸웃거리는데 그 곁에 또 다른 쌀 한 톨이 떨어져 있어. 그 앞에도 한 톨, 또 그 앞에도 한 톨. 남자는 신기해서 떨어져 있는 쌀알들을 따라가 봤어. 그랬더니 바위에 난 조그만 구멍에서 쌀알이 한 톨 두 톨, 톡 톡, 떨어지고 있지 뭐야.

"아이구, 이게 웬 쌀이래?"

남자는 싱글벙글 좋아서 구멍 밑에 그릇을 갖다 놓았어. 잠시 후에 한 사람 먹을 쌀이 그릇에 찼어.

"에구 고맙습니다."

남자는 절을 하곤 그릇의 쌀을 탁 털어 밥을 해 먹었어. 그러곤 다시 구멍 밑에 그릇을 대 놓았지.

그 뒤로는 끼니때가 되면 늘 구멍에서 나온 쌀로 밥을 해 먹었어. 쌀은 언제나 남자가 한 끼 먹을 만큼만 나왔지.

하루는 산골짜기 바위에서 쌀 나온다는 소문을 듣고 마을 사람들이 구경을 왔어. 그런데 신기한 건 손님이 하나 오면 바위 구멍에서도 한 명분

미암사의 쌀바위

쌀이 더 나오고, 손님이 둘 오면 두 명분 쌀이 더 나오는 거야. 구멍은 작아도 손님이 많이 오면 많이 오는 대로, 적게 오면 적게 오는 대로 거기에 맞춰 쌀이 나오는 거야. 그게 신기해서 사람들은 자꾸자꾸 구경을 왔어.

하루는 한 젊은이가 왔는데, 젊은이는 오자마자 쌀 구멍부터 들여다봤어. 그런데 가만히 보고 있자니 애가 탄 거야.

톡, 한 톨 떨어지면 톡 한 톨이 떨어지고, 톡 한 톨이 떨어지면 또 톡 한 톨이 떨어지고.

성질 급하고 욕심 많은 젊은이는 더 이상 참지 못하고 쌀 나오는 구멍을 꼬챙이로 쑤셨어. 그러자 갑자기 나오던 쌀이 뚝 멈추지 뭐야. 쌀 구멍이 막히기라도 한 것처럼 다신 안 나와. 그러더니 지금까지 쌀이 단 한 톨도 안 나와.

쌀바위는 우리나라 곳곳에 있어. 강원도 고성에 있는 화암사의 수바위에서도 한때 쌀이 나왔다고 그러고, 경상북도 울진의 천량암에도 쌀이 나오는 바위가 있었대. 경상남도 남해에 있는 성명굴이라는 바위굴, 전라북도 부안군의 울근바위도 마찬가지야. 또 충청남도 부여군에 있는 미암사의 쌀바위와 전라남도 해남의 대흥사 성도암 역시 쌀바위 전설이 서린 곳이지.

이외에도 쌀바위 전설은 많아. 옛날에는 굶기를 밥 먹듯이 하는 사람이 많아서 굶지 않고 살았으면 하는 마음이 이런 쌀바위 이야기를 만든 것 같아.

3. 비 주는 바위

　농사짓는 데 필요한 것은 많지만 가장 중요한 게 뭔 줄 아니? 그건 햇빛과 물이야. 특히 비는 중요해. 비가 많이 오고 적게 오는 것에 따라 한 해 농사가 잘 되기도 하고 못 되기도 하거든. 곡식이 자랄 때는 비가 와야 하고, 낟알이 여물 때는 비가 오지 말아야 하는데 그 반대가 되면 큰일이야.

　그래서 옛날에는 날이 오랫동안 가물면 하늘신이나 물을 다스리는 수신(水神)에게 비 좀 내려 달라고 제사를 지냈어. 그 제사를 '기우제'라고 해. 현대 사회에서는 비가 필요하면 인공비를 만들어 내리지만 옛날에는 하늘만 바라보았던 거지. 기우제는 마을 단위로 지내기도 했고 임금님이 직접 지내기도 했어. 곡식이 한창 자라는 여름날에는 비가 오게 해 달라고 기우제를 지냈고, 입추가 지나고 곡식이 여무는 시기가 오면 비는 그만 그치고 해가 쨍쨍 나게 해 달라고 '기청제'를 지냈어.

기우제를 지낸 기록은 아주 많아. 고려의 역사를 적은 『고려사』에 의하면 고려는 475년 동안 기우제를 총 204회 지냈고, 『조선왕조실록』에 의하면 조선은 471년 동안 1,142회나 지냈대. 조선 시대에는 일 년에 두 차례 이상 기우제를 지낸 거지.

그런데 우리 겨레가 모신 수신은 누구일까? 전해 오는 이야기를 한번 살펴볼까?

고구려를 세운 주몽의 어머니는 유화이고, 유화의 아버지는 하백인데, 하백은 원래 강의 신이래. 이야기 속에서 하백은 종종 용의 모습으로 나타나지.

우물을 다스리는 신도 용이야. 신라 박혁거세의 부인 알영은 알영정이라는 우물에 사는 용의 겨드랑이에서 태어났다고 하는데, 닭 모양을 한 계룡이었대.

우리나라 동해, 서해, 남해에는 바다의 신 용왕이 살지. 용왕은 깊은 바다 속 용궁에서 살면서 바다를 다스려.

그리고 보니 바다, 강, 우물을 다스리는 신 모두가 용이네. 이 말은 곧 용신이 우리 겨레의 수신이라는 뜻이겠지?

옛날 사람들은 하늘에서 비가 오지 않는 것은 수신인 용신이 잠들어 있어서라고 생각했어. 그래서 비가 오게 하려면 잠든 용신을 깨워야 한다고 믿었지.

잠든 용신은 어떤 방법으로 깨웠을까?

우리 조상들은 오랫동안 비가 오지 않으면 용신이 깃든 바위나 연못 바위벽에 개나 돼지의 피를 칠해서 더럽혔어. 그러면 용신이 화가 나서 긴 잠에서 깨어나 비를 내렸지. 더러워진 바위를 씻으려고 비를 내리는 거야.

 금강산 구룡연이나 문경 생달리 용소, 용머리 바위, 용초계곡의 용초바위가 바로 예로부터 개, 돼지 피를 칠하면서 용신에게 기우제를 지냈던 곳이야.

불 끄려고 비 퍼붓는 용

문경에 용초골이라는 아주 깊은 샘이 있어. 샘이 어찌나 깊은지 명주실 한 꾸리를 다 풀어 넣어도 밑에 안 닿을 정도야.
용초에는 옛날에 천년 묵은 구렁이가 살았어. 천년 구렁이가 어느 날 용이 되어 하늘로 올라갔어.

용이 된 구렁이는 살던 곳을 떠나는 게 섭섭해서 하늘로 올라가며 눈물을 흘렸어. 이때 흘린 용의 눈물이 고여서 깊은 용초 물이 되었다는 거야.
이 사실을 안 마을 사람들은 비가 안 오고 가뭄이 들면 용초에 와서 제를 지냈어. 돼지를 잡아서 용초 물에 돼지 피를 풀고, 샘 곁의 용머리같이 생긴 용초바위에는 시뻘겋게 피를 칠했어. 그러곤 꽹과리를 치면서 고래고래 소리를 질렀어.

하도 하도 비 안 와 가문 통
-용아 용아 니 집이 불탄다
-용아 용아 니 집에 불났다

사람들이 이렇게 고래고래 소리를 지르면 용이 하늘에서 듣고 자기 집을 내려다보지. 그런데 하늘에서 용초를 내려다보면 시뻘건 돼지 피가 마치 불이 활활 타오르는 것 같거든. 그럼 용이 정말 불이 난 줄 알고 비를 퍼붓지. 불을 끄려고.

    개나 돼지의 피를 칠하는 것 말고, 불을 지펴서 용신을 깨우기도 했어. 서울 삼각산(북한산) 꼭대기에는 용암이라는 바위가 있는데, 이 용암바위에서는 섶*을 태우며 기우제를 지냈어. 서울 도봉산 용혈에서도 섶을 태워 기우제를 지냈어.
    섶을 태워 기우제를 지내는 것은, 바위를 뜨겁게 달구면 용신이 놀

---

* 잎나무, 풋나무 등의 땔감 나무를 통틀어 이르는 말.

라 잠에서 깨어나, 뜨거운 바위를 식히려고 비를 내린다고 믿었기 때문이야.

그 외에도 용신이 잠들어 있는 연못이나 우물에 호랑이 머리를 만들어 집어넣는 기우제를 지내기도 하였어. 용신이 호랑이를 보고 놀라면 비바람을 일으키면서 솟구쳐 오른다고 믿었거든.

용바위 말고도 비를 주는 특별한 바위가 있어. 금강산의 화암사 근처에는 계란 모양의 수바위라는 커다란 바위가 있는데 바위 안에는 왕관 모양의 큰 바위가 들어가 앉아 있지. 왕관 바위 안에는 깊이

용이 빠져나간 듯한 구룡연 북한의 강원도 고성군 금강산에 있는 구룡폭포의 연못은 마치 용이 빠져나간 듯한 모양을 하고 있어서 '구룡연'이란 이름이 붙었다 한다. 용신을 향해 기우제를 지냈던 곳으로 전해 온다.

1m, 둘레 5m의 웅덩이가 있는데, 이 웅덩이에는 물이 항상 고여 있어. 가뭄이 들면 이 웅덩이 물을 떠서 주위에 뿌리며 기우제를 지냈어. 그러면 늘 비가 왔대.

비를 주는 신성한 돌

전라북도 순창에 지선리라는 마을이 있어. 지선리 앞산에는 큰 바위가 하나 있는데 넙데데한 것이 아주 못생겼어. 그래서 마을 사람들은 이 바위를 싫어했지. 못난이 바위가 떡 버티고 있어서 마을도 덩달아 못나 보이고, 되는 일이 없다고 생각한 거야.

"에잉, 못난이 바위 때문에 되는 일이 하나도 없다니까."
"그러게. 저 바위만 없으면 우리 마을이 얼마나 아름다워 보이겠어!"

"우리 이렇게 불평만 할 게 아니라 이참에 아예 바위를 들어내 갖다 버리세."
"좋은 생각이네!"
마을 사람들은 너도나도 맞장구를 쳤어. 그런데 한 노인이 반대를 했지.
"그건 안 될 일일세. 겉보기에는 그저 못난 바위일지 모르지만 이 바위는 아주 신성한 바위라네. 함부로 옮기면 큰 벌을 받는다 이 말이야."
사실 이 바위는 오래전에 힘이 어마어마하게 세고, 키가 무지무지 큰 여자 장사가 치마폭에 싸서 날라다 놓은 바위였지. 오래전엔 신성하게 여겼던 바위인 거야. 하지만 세월이 흘러 다 잊고 만 거지.
"영감님, 그건 그저 전설일 뿐이에요. 한낱 떠도는 이야기 따위를 믿으라는 겁니까?"

마을 사람들은 노인의 반대를 뿌리치고 바위를 옮기기로 하였어.
"영차영차. 자, 자. 조금만 더 힘을 써 보자고."
그런데 갑자기 멀쩡했던 하늘에 먹구름이 끼더니 천지가 뒤집어질 듯이 우르릉 쾅쾅 천둥이 치고 벼락이 떨어지지 않겠어. 그러곤 곧이어 장대 같은 빗줄기가 좌락좌락 쏟아졌어. 사람들은 놀라 눈이 휘둥그레지고 말았어.
"노인 말이 맞나 봐. 하늘이 벌을 내리려나 봐."
마을 사람들은 무서워 앞다투어 집으로 돌아갔어. 그러자 언제 비가 왔냐는 듯이 날이 개고 해가 도로 나왔어.
사람들은 이제 못난이 큰 바위는 신성한 바위라 절대 옮기면 안 된다는 걸 알게 되었어. 또 이 바위를 건드리면 신이 노해서 비를 내린다는 것도 알게 되었고.
그 후로 마을 사람들은 가물어서 농사가 안 되면 몸을 깨끗이 씻고, 돼지

를 잡고 떡이랑 밥이랑 나물을 해서 바위 위에 차려 놓고 바위 떼 내는 소리를 내면서 기우제를 지냈어. 바위를 떼 내려 하면 또다시 신이 노해 비를 내릴 테니까.

사람들은 기우제가 끝나면 차린 음식들을 모조리 바위 밑에다가 묻었어. 신더러 먹으라고 그런 거지. 하여간 그렇게만 하면 아무리 가문 때라도 삼사 일만 지나면 비가 내렸대.

고대에는 가뭄이나 홍수 같은 자연재해를 왕의 탓이라고 생각했어. 왕의 권위는 하늘이 내려 주는 것이므로 왕은 하늘과 통하는 사람인데, 왕이 하늘의 노여움을 샀거나, 기후를 제대로 조절하지 못해서 가뭄이나 홍수가 든다고 생각한 거지. 그래서 오랫동안 가뭄이 들면 왕을 희생 제물로 삼기도 했어.

부여에서는 가뭄이나 홍수가 일어나면 왕을 바꾸거나 죽였고, 신라는 왕 대신 시중이 자리에서 물러나기도 했어. 가뭄은 그만큼 한 나라의 중대사이고, 절박한 문제였던 거야.

또 날이 오랫동안 가물면, 왕이 일부러 뙤약볕 아래에서 땀을 뻘뻘 흘리며 몇 시간 동안이나 나랏일을 보았어. 이런 의례는 신라 진평왕 때 시작되어 조선 시대까지 이어졌다고 해. 또 도성 너른 뜰에는 무당 이삼백 명이 두꺼운 솜옷을 입고 머리에 화로를 이고 며칠씩 기우제를 지내기도 했대. 모두 다 하늘신을 감동시켜서 비를 내리게 하기 위한 주술적인 행동이었지.

이런 식의 기우제는 조선 세종 대에 와서 폭력적이라는 비판을 받으면서 사라지기 시작했대. 대신 서울과 경기 지역의 유명한 산에 무당을 보내서 기도하는 것으로 기우제 방식을 바꾸었지.

조상들의 기우제는 지금 생각하면 우습기 그지 없어. 하지만 그 당시로는 매우 절박한 일이었고, 진심을 담은 행동들이었어.

기우제는 우리나라뿐만 아니라 세계 모든 나라에서 다양한 형태로 지내왔던 보편적인 제의였어. 비는 농사짓는 민족에게만 중요한 건 아니니까. 가축을 데리고 돌아다니며 유목 생활을 하는 유목민에게도, 비는 중요한 문제야. 비가 와야 초원의 풀들이 자라고 그 풀을 가축들이 먹을 테니까. 그러니까 기우제는 하늘의 해와 비에 의지하며 살았던 사람들의 간절한 바람이 만든 공통적인 믿음이며 문화인 거지.

비 부르는 몽골의 자다석

　우리 겨레는 한 곳에 머물며 집을 짓고 농사짓고 살기 때문에 비 주는 돌이 대체로 덩치가 크고 땅에 붙박혀 있는 바위였어. 그러나 몽골 유목민들은 가축을 데리고 이동하며 살기 때문에 기우제를 지내는 돌도 어디든지 가지고 다닐 수 있는 작은 돌이야. 몽골 유목민이 기우제에 사용하는 신비한 돌을 '자다석'이라고 불러.

　자다석은 동물 몸속에 생긴 작은 돌이야. 자다석은 원래 하늘에 있었는데, 옛날에 엘스팅 토공이라는 여자 무당이 하늘에서 땅으로 내려오게 만들었대. 하늘에서 온 자다석은 마법의 돌이라 비바람을 일으키는 힘을 가지고 있어. 그런데 이 자다석이 하늘에서 내려오면 뱀이나 당나귀, 산양이나 돼지 같은 동물들이 얼른 주워 먹는대. 그래서 자다석은 늘 동물의 배 속에서 구할 수 있는 특이한 돌이라는 거야.

　자다석으로 기우제를 지내는 방식은 다양해. 자다석을 물에 집어넣으며 주문을 외기도 하고, 자다석에 동물의 피를 칠한 다음 주문을 외면서 물에 던져 넣기도 해. 그러면 얼마 뒤에 비가 온대.

　몽골이 1232년 금나라의 침입을 받았을 땐 자다석으로 큰 비를 내려 15만 적군을 전멸시켰다고 해.

　작지만 엄청난 힘을 가진 신비한 돌 자다석 이야기는 유목하는 몽골 사람들의 생활 문화에서 생겨난 독특한 돌신앙이야.

4. 풍년을 기원하는 돌싸움

우리 겨레는 오랫동안 농사를 지으며 살아왔어. 그래서 명절도 농사 주기를 중심으로 이루어졌지. 우리 겨레가 으뜸으로 치는 명절은 설날, 정월대보름, 단오, 추석인데, 음력 1월 15일인 정월대보름날은 새해가 된 뒤로 보름달이 처음 뜨는 날인 데다가 새해 농사를 시작하는 날이기 때문에 중요하게 생각했어.

그래서 정월대보름에는 농사와 관계 있는 일들을 했어. 이를 테면, 하루 전날인 음력 14일에는 새벽닭이 울면 논에 거름을 갖다 부으면서 농사가 시작되었다는 것을 알렸지. 또 달을 보며 1년 농사를 점치기도 했어. 달빛이 희면 그 해는 비가 많고, 붉으면 가뭄이 들며, 달빛이 진하면 풍년이 들고, 달빛이 흐리면 흉년이 들 징조라고 생각했어. 또 달이 남으로 치우치면 해변에 풍년이 들 징조이고, 북으로 치우치면 산촌에 풍년이 든다고 생각했어.

돌싸움　　　　　　　　　　　　　　달집태우기

　풍년과 흉년을 점치는 것뿐 아니라 정월대보름날에는 마을을 지켜 주는 신에게 제사를 지내며 복을 빌었고, 풍년을 기원하는 놀이들을 했어.

　풍년을 기원하는 놀이 중 첫 번째는 달집태우기야. 7~10미터 정도로 나뭇단을 높이 쌓아 달집을 만들고, 보름달이 떠오르면 달님에게 소원을 빈 뒤 불을 붙였지. 달집이 활활 타오르면서 흉년을 가져올 부정한 것들을 모조리 태워 버리는 거지.

　풍년을 기원하는 대표적인 놀이 중에는 돌싸움도 있어. 돌싸움은, 두 마을이 각자 상대편 마을 사람들에게 돌을 던지며 싸우는 놀이인데, 서울, 안동, 김해, 황해도, 평안도 등 전국에서 이루어졌어.

　돌싸움을 하다 보면 다치기 일쑤였어. 조선 말 순조 임금 때에는 돌싸움이 이삼 일 이어졌는데, 이때 수많은 사람이 돌에 맞아 다쳤대. 그런데 신기한 것은, 돌을 맞아 상처가 나는 것을 오히려 훈장처럼 생각했다는 거야. 또 자기 아들이 돌싸움에서 지고 도망 오면 부모들은 대문을 열어 주지 않고 꾸짖으며 되돌아가 싸우게 했대.

이상하지? 왜 자식이 다치는데도 불구하고 돌싸움을 하라고 권했던 걸까? 정조 때 『경도잡지』에 실린 서울 만리재에서 있었던 대규모 돌싸움에 대한 기록을 보면 그 까닭을 짐작할 수 있어.

"삼문 밖과 아현 사람들이 만리현에서 돌을 던지며 서로 싸웠다. 속담에 말하기를 삼문 밖 사람들이 이기면 경기도에 풍년이 들고, 아현 사람들이 이기면 성안에 풍년이 든다고 한다."

이 기록을 보면, 돌싸움은 단순한 놀이가 아니야. 이기고 지는 것에 따라 풍년이 들지 안 들지가 결정되는 중요한 의례 행위인 거야. 비록 사람이 다치는 격렬한 놀이이긴 하지만 이긴 편 마을에 풍년이 든다고 하니 사람들은 풍년을 기원하며 열심히 싸울 수밖에 없었던 거지.

그러나 돌싸움은 일제 강점기에 대부분 사라졌어. 일본은 조선 사람들이 모이는 걸 두려워해서 돌싸움 놀이를 못하게 막았거든. 그래서 이제는 농촌 마을에 가도 돌싸움을 볼 수가 없어.

풍요를 기원하는 바위그림, 암각화

　선사 시대 사람들은 풍요를 기원하며 바위벽이나 동굴의 벽면에 그림을 그렸어. 이것을 '바위그림' 또는 '암각화'라고 해.
　바위그림은 대개 뾰족한 돌로 쪼거나 긁거나 새겨서 그렸어. 주로

여러 가지 동물들과 동물들의 짝짓기 모습, 사람들이 사냥하는 장면, 고래잡이와 고기잡이하는 장면 같은 것을 그렸어.
　바위에 그림을 새기고 그리는 것은 쉬운 일이 아니었지만 선사 시대 사람들은 수많은 암각화를 만들었어. 동물들의 번식과 풍요를 기원하기 위해서였지.
　그런데 왜 하필 힘들게 바위벽에 그림을 그렸을까?

암각화는 태양 숭배와 관계가 많아. 몽골, 중국, 시베리아, 연해주, 한반도, 어느 지역에서 발견되는 암각화일지라도 해를 향해 있지 않은 것은 없어. 해는 바위를 비추고 바위에 새겨진 그림을 비추며, 바위그림은 해를 바라보는 위치에 있어. 이는 바위에 새겨진 그림들이 햇빛을 받으면 해의 강인한 생명력을 얻게 된다고 믿었기 때문이야.

또 바위그림이 늘 해를 바라보며 교감하듯이 자신들도 태양신과 직접 소통하면서 소망을 이루고 건강해지길 원했기 때문이지.

그래서 암각화를 그렸던 사람들은 해를 바라보며 해의 기운을 품고 있는 커다란 바위에 그림을 그리고, 그곳에서 풍요와 안전을 기원하는 제의를 지냈을 것이라고, 학자들은 짐작해.

암각화는 누가 그렸을까? 주로 제사장 즉, 무당처럼 주술의 힘을 지닌 특별한 사람이 그렸어. 풍요를 기원하는 사람들의 소망에, 주술적인 힘이 더해지고, 그 위에 태양의 신성한 생명력이 깃드니 암각화는 그야말로 단단한 생명력 그 자체인 셈이지.

우리나라의 대표적인 암각화

지금까지 한반도에서 발견된 암각화는 땅속에 묻혀 있다가 농경지를 정리하는 도중에 발견된 영천 보성리 암각화, 고인돌의 덮개돌에 암각화를 그린 여수 오림동 암각화를 포함하여 열여섯 기야. 국보로 지정된 울주 천전리 각석과 울산 대곡리 반구대 암각화는 문양이 꽤 선명하게 남아 있지.

1. 울주 천전리 각석

우리나라에서 최초로 발견된 암각화로 국보 제147호야. 바위 면은 동쪽을 향하고 있고, 앞쪽에 약간의 평지가 있어서 이곳에서 의식을

울주 천전리 각석

거행했을 거라고 짐작하지. 겹마름모, 겹동그라미 같은 기하학 무늬부터 용, 사람 얼굴에 동물의 몸을 가진 인면수신, 기마행렬도, 신라 귀족과 신라 시대 글씨도 새겨져 있는 걸로 보아 선사 시대부터 신라 때까지 오랫동안 이곳에서 제의가 치러졌음을 알 수 있어.

2. 울산 대곡리 반구대 암각화

높이 3미터, 폭 10미터인 태화강 바위벽 아랫부분에 새겨져 있는 암각화야. 그림의 내용은 고래잡이, 고기잡이, 동물 사냥 장면들과 새끼 밴 동물 모습이 많아. 이것은 반구대가 수렵과 어로에 관한 주술과 풍요, 다산을 기원하는 제의 장소이자 사냥 방법을 가르치는 교육장이었음을 짐작케 하지.

특이하게도 바위 면이 북쪽을 향해 있어 낮에는 거의 해가 들지 않고, 여름철 해가 뜬 직후나 석양 무렵에만 잠시 햇빛이 비치지. 아마도 여름철에 제의를 올리는 장소였던 것 같아. 우리나라 국보 285호로 지정돼 있어.

울산 대곡리 반구대 암각화

4부 돌은 마을 수호신이다

세월이 흐르면서 사람들은 사냥보다 농사일을 더 많이 하며 살게 되었어.
자연스럽게 사람들은 서낭신에게 마을을 지켜 달라는 기도를 더 많이 했겠지.
사냥꾼의 수호신이었던 서낭신은 점차 농촌 마을의 수호신으로 변해 갔어.
사람들이 풍년 들게 해 달라고 빌면 풍년 들게 해 주고,
아기 없는 사람에게는 아기 낳는 힘을 보태 줬어.

1. 하늘을 향해 우뚝 선 수호신, 선돌

　인터넷에서 주소를 검색하면 입석리라는 이름을 가진 마을이 많이 나와. 강원도 횡성, 경기도 남양주, 경상남도 산청·하동, 경상북도 김천·영천·상주, 전라남도 담양·영광, 전라북도 남원·임실·정읍, 충청남도 공주, 충청북도 제천⋯⋯. 참 많지?

　입석리라는 이름이 왜 이리 많을까? 그 까닭을 알려면 입석이 무엇인지부터 알아야 해.

　입석은 하늘을 향해 우뚝 서 있는 크고 길쭉한 돌을 말해. 흔히 서 있는 돌, 선돌이라고 하지. 입석이란 말은 선돌을 한자로 立石(입석)이라고 쓴 거야. 그러니까 입석리는 선돌마을이라고 풀어서 말할 수 있지. 또 입석리가 많다는 것은 선돌을 세워 놓은 마을이 우리나라 곳곳에 많다는 뜻이야.

　오래된 선돌이 많이 남아

있는 곳은 충북 옥천군이야. 다 합쳐서 26기나 있어. 그중 석탄리 선돌은 지금으로부터 5천 년 전인 신석기 시대에 세워졌어.

석탄리 선돌은 가운뎃부분이 불룩해. 어떤 학자는 불룩한 모양이 임신한 여인의 배와 닮았기 때문에 석기인들이 아기를 많이 낳기를 바라며 세운 선돌이라고 추측해.

또 어떤 학자는 불룩한 곳에 새겨진 동그라미는 태양을 상징하고, 이 선돌은 태양신에게 농작물의 생산과 풍요를 기원하며 세운 거라고 말해.

어느 학자의 말이 맞는지는 모르지만 중요한 것은, 선돌

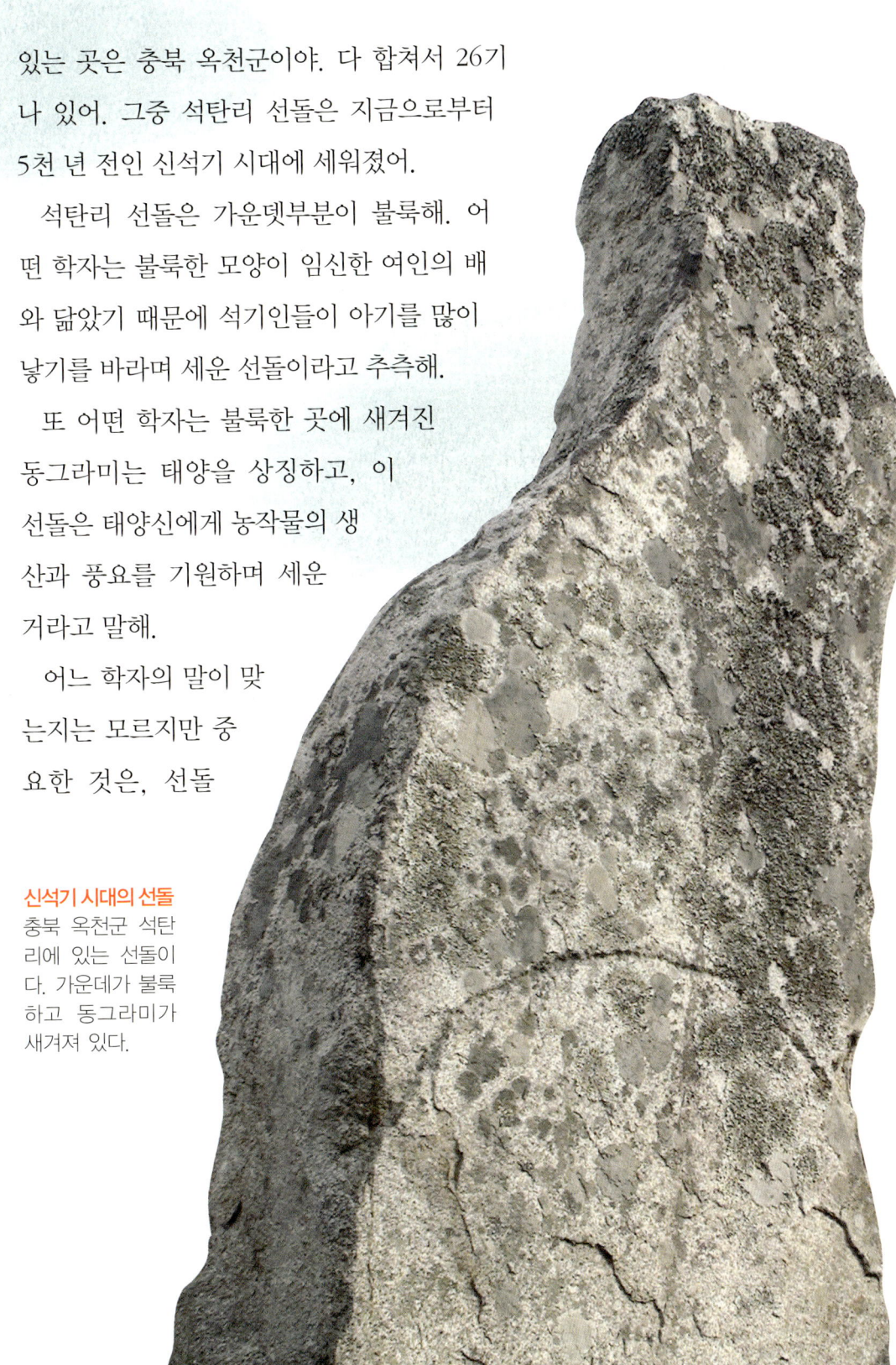

신석기 시대의 선돌
충북 옥천군 석탄리에 있는 선돌이다. 가운데가 불룩하고 동그라미가 새겨져 있다.

은 신성한 돌기둥이며, 이 선돌이 세워진 곳은 신성한 공간이라는 거야.

왜 그렇게 말하냐고? 선돌을 세웠던 사람들은 아주 독특한 생각을 하며 살았거든. 그들은 아무 곳에나 선돌을 세우지 않았어. 신이 계시한 곳에 제단을 만들어 신에게 제사를 지내고, 신의 징표를 세웠어. 그러니까 선돌을 세운 곳은 신성한 곳이고, 선돌은 신과 통하는 특별한 징표인 거지. 석탄리 선돌이 아기 얻기를 기원하며 세웠건 태양신에게 제의를 올리기 위해 세웠건 중요한 것은, 선돌은 신과 통하는 신성한 돌기둥이라는 거야. 그리고 그 신성함이 지금까지 이어져서 최근까지도 마을 사람들이 배 불룩한 이 선돌을 '할머니'라고 부르며, 할머니가 마을에 재앙이 오는 것을 막아 주고, 마을에 풍요와

할머니는 어디에서 온 말일까?

마라도에 가면 할망당이란 돌이 있다. 마라도의 할망당은 마라도를 지켜 주는 수호신 같은 돌로 여겨진다. 우리 신화와 전설에 등장하는 마고할미, 노고할미, 설문대할망의 할미, 할망은 모두 여신을 가리킨다. 할머니, 할미는 〈할+어머니〉로 이루어진 말인데, '할'은 '한'이라는 말에서 비롯되었고, '한'은 '큰' 또는 '높은'이라는 뜻을 갖고 있다. 그러므로 할머니는 〈크거나 높은+어머니〉라는 말로 여신을 뜻한다.

평안을 가져다준다고 믿으며 마을 수호신으로 받든다는 거지.

사람들은 선돌을 왜 할머니라고 부른 걸까?

여성은 아기를 낳고 기르기 때문에 옛날 사람들은 여성을 생명력과 생산의 근원이라고 생각했어. 풍요와 다산을 상징하는 신들은 그래서 대개 여성신이지. 그리고 옛날에는 할머니, 할미라는 말이 여신을 뜻하는 말이기도 했어.

그러니까 정리하면 석탄리 선돌은 생명력과 생산성을 보장하는 여성신이 깃들인 돌로, 마을에 풍요를 가져다주고 나쁜 일을 막아 주는 마을 수호신인 거야.

석탄리 선돌처럼 마을을 수호해 주고 풍요를 가져다주는 선돌은 전국 곳곳에 있어.

여주군 석우리에도 마을 수호신 선돌이 있어. 마을 사람들은 '마고의 지팡이'라고도 불러. 선돌에서 약 5m쯤 떨어진 곳에 넓적한 바위가 있는데, 전설에 의하면 이 바위에서 마고할미가 물레질을 했대. 그 선돌은 마고할미가 이때 꽂아 놓은 지팡이라는 거야.

석우리 선돌 근처에서 갈아 만든 돌도끼 한 점이 발견되었다는 걸 보면 이 선돌은 아마 신석기나

마고할미 전설이 깃든 석우리 선돌

청동기 시대에 세워졌나 봐. 얼마 전까지 음력 정월이면 마을 사람들이 이 선돌에게 제사를 지냈대.

전북 김제에 있는 월촌 입석도 마을 수호신이야. 해마다 음력 정월 보름이면 제를 지낸 뒤에 남녀가 편을 나누어 줄다리기를 하는데, 여자 편이 이겨야 풍년이 든대. 줄다리기가 끝난 뒤에는 동아줄을 선돌에 감아 두는데, 줄에 손을 대면 불행이 생긴다는 전설이 있어서 다음 제사가 있기까지 1년 동안 아무도 손을 대지 않는대.

거창의 농산리 입석은, 조선 시대 때 신선의 모습을 새겨 넣기는 했지만 원래는 선사 시대 선돌이야. 이 선돌에는 알구멍을 판 흔적이 있는데, 이것은 농경을 시작한 선사 시대 사람들이 풍요와 다산을 기원하는 의식을 하며 팠거나, 태양신에게 제사를 지내며 새긴 거래.

마을을 수호하는 선돌이 있는 마을은 해마다 선돌에서 제사를 지내. 마을의 안녕과 풍년이 들기를 기원하며 지내는 거지. 제사는 대개 음력 정월이나 10월에 지내는데, 마을 사람 모두가 함께 지내. 이걸 '동제'라고 해.

전라남도 무안 발산마을은 음력 정월 보름이 되면 마을 사람 중에서 몸과 마음이 깨끗한 사람을 골라 제사를 지내. 제사상에는 돼지 머리고기, 조기, 나물, 술, 과일, 포 등을 올리고, 향을 피운 뒤 절을 해. 제사가 끝나면 이삼 일 동안 농악과 줄다리기를 하며 마을 잔치를 해.

발산마을 사람들은 해마다 동제를 지내며 풍년이 들기를 소망하고, 마을 사람들에게 나쁜 일이 생기지 않기를 기원해. 또 마을 잔치를 하면서 사람들의 마음을 하나로 모으며 서로 평화롭게 지내자고 다짐하지.

집 안으로 들어온 신석기 선돌?

오래된 선돌이 많이 남아 있는 지역에 가 보면 어느 집 마당 안이나 사람들의 농기구 근처에 선돌이 있는 장면을 볼 수 있다. 무심코 지나쳤거나 집을 지을 당시 잘 뽑히지 않아 그냥 뒀을 텐데, 아마도 사람들은 그 돌이 어떤 의미를 지닌 돌인지 상상도 하지 못했을 것이다.
천막을 이고 있는 사진 속 선돌은 수천 년 전부터 이 자리에 있었다. 충청북도 옥천군 석탄리에 남아 있는 선돌이다.

충북 옥천군 선돌

다른 나라의 선돌

몽골 초원의 사슴돌

사슴돌

다른 나라에도 선돌이 있어. 몽골의 드넓은 초원에서는 하늘로 날아오르는 듯한 사슴들이 새겨진 선돌이 무리 지어 있는데, 사슴이 새겨져 있다 하여 사슴돌이라고 하지. 몽골 차강 지역의 아스가드 강 계곡에는 높이가 서로 다른 40여 개의 사슴돌이 모여 있어.

몽골 사람들은 사슴돌에 새겨진 사슴을 하늘 사슴이라고 부르는데, 죽은 조상을 하늘로 데려가 주는 사슴이래. 그래서 고대 몽골 인들은 조상의 무덤 곁에 사슴돌을 세워 신성한 구역을 표시하고, 또 하늘 사슴이 조상의 영혼을 하늘로 데려가 주길 기원했어.

열석

우리나라는 대개 선돌이 하나나 두 개가 서 있는데, 외국에는 선돌이 한 줄이나 여러 줄로 나란히 서 있는 경우가 있어. 이것을 열석이라고 해. 프랑스 브르타뉴 지방의 열석과 카르나크 열석이 세계적으로 유명하지.

프랑스 카르나크 열석

프랑스 카르나크의 열석은 작은 것이 60cm, 가장 큰 것은 6m 정도 되는데, 6m짜리 선돌이 무려 3,000개 넘게 3개 구역으로 나뉘어 동서로 약 4km에 걸쳐 뻗어 있어.

학자들은 이 지역에 살았던 신석기 시대 사람들이, 일 년 중 낮이 가장 긴 하지와 낮이

가장 짧은 동지에 이곳에서 태양신께 제사를 지냈을 거래.

환상열석

열석이 둥근 고리 모양으로 늘어선 선돌을 환상열석이라고 해. 우리나라에는 없는 형태이지. 가장 유명한 것은 영국의 스톤헨지야. 스톤헨지는 '공중에 걸쳐 있는 돌'이라는 뜻인데, 기원전 3000년 ~ 2500년 즈음에 세워졌을 거래.

스톤헨지는 그 이름에 걸맞게 수십 톤이나 되는 거대한 바위 80개가 둥그렇게 늘어서 있고, 군데군데 거대한 바위가 공중에 걸쳐져 있어. 그 당시 영국 땅에 살았던 사람들은 하지와 동지가 되면 이곳에 와서 죽은 조상과 살아 있는 사람들을 위해 제의를 거행했을 거래.

영국의 스톤헨지

스코틀랜드 칼라니쉬 환상열석

에스파냐 라코루냐 멘히르

아프리카 세네감비아 환상열석

2. 사람의 모습을 한 수호신, 돌장승

 마을을 수호하는 신석으로는 돌장승도 있어. 돌장승은 자연석을 사람 모습처럼 깎고 다듬어 세운 석인상으로 선돌처럼 마을을 수호해 주고 사람들의 소원을 들어주지.
 돌장승을 함부로 건드리면 신이 노해서 재앙을 내린다는 말이 있어. 이런 걸 '동티' 난다고 하는 건데, 사람들은 동티날까 겁이 나서 함부로 돌장승을 뽑거나 훼손하지 않아. 하지만 반대로 돌장승을 위하면 복을 받는다고 하지.

돌장승과 비단 장수 이야기

옛날에 바보가 살았는데, 하루는 장사해서 돈을 벌어 장가를 가겠다며 어머니를 졸랐어. 어머니는 바보 아들이 하도 조르니까 비단을 장만해 주긴

했지만, 비단을 제값을 받고 팔기나 할까 걱정이 태산이었어.

"얘야, 말이 많은 사람은 사람을 잘 속이니까 절대로 말 많은 사람에게는 팔지 말아라."

"예, 어머니."

바보는 넙죽 대답을 하고 비단을 팔러 장에 갔어. 그런데 아무리 돌아다녀도 세상엔 말 많은 사람 천지인 거라. 어머니가 말 많은 사람에게는 절대 팔지 말라고 했는데 하나같이 말이 많으니 이를 어째. 결국 닷새가 지나도록 비단 한 필도 팔지 못했지.

할 수 없이 터벅터벅 집으로 돌아오는데 날이 그만 저물었어. 바보는 쉴 곳을 찾아 두리번거렸어. 그러다 길거리에 우뚝 서 있는 돌장승을 발견했어. 그런데 바보는 바보라서 돌장승이 사람인 줄로 알았어. 그래서 대뜸 말했지.

"이보세유. 비단 좀 사세유."

하지만 돌장승이 말을 할 리가 있나. 바보가 아무리 비단 사라고 졸라도 대답 없는 게 당연하지. 그런데 바보가 생각하기에는 세상에 이렇게 말 없는 사람이 없거든.

'옳아. 어머니가 말한 사람이 바로 이 사람이구먼.'

바보는 신이 나서 돌장승에게 비단을 둘둘 말아 주었어. 그러곤 말했지.

"비단을 줬으니 비단값 줘유."

"……"

"아, 돈이 없어 그래유? 그럼 내일 받으러 올 테니 내일 줘유."

바보는 그렇게 말하곤 집으로 돌아갔어. 그러곤 다음 날 새벽에 돌장승을 찾아갔어. 비단값 받으려고. 그런데 둘둘 감아 줬던 비단이 보이질 않네! 하지만 바보는 상관하지 않았어.

"이봐유. 비단값 받으러 왔구먼유."

돌장승이 대답할 리가 있나. 그런데도 바보는 바보라서 자꾸 비단값 내놓으라고 졸랐어. 그러다 엉겁결에,

"내 비단값 달라는데 왜 안 줘유?"

하면서 장승을 잡아당겼지. 그러자 갑자기 튼튼한 돌장승이 힘없이 쑤욱 뽑히는 거야!

그런데 이게 웬일이야. 장승 뽑힌 구멍에 글쎄 누런 금덩이가 가득 들어 있지 않겠어!

"아. 이게 비단값이에유?"

바보는 금덩이가 비단값인 줄 알고 가지고 집으로 돌아갔어.

그 금덩이가 무슨 금덩이냐고? 그건 또 사연이 있지. 전날 밤에 도둑이 마을에서 금을 훔쳐 달아나다 돌장승을 보았거든. 그런데 장승이 비단을

둘둘 감고 있는 거야. 도둑은 이게 웬 비단인가 하곤 얼른 풀어 내렸지. 그리고 훔친 금덩이는 장승을 뽑아 그 밑에 일단 숨겨 두었어. 마을이 잠잠해지면 찾아가려고 말이야. 바보가 가져간 비단값은 바로 그 금덩이였던 거야. 하여간 이 이야기는 돌장승을 위하면 어떤 식으로든 복을 받게 된다, 이 말씀이야.

착한 사람에게 복을 준다는 장승은 주로 마을이나 절 입구에 서 있어. 하는 역할은 절이나 마을의 경계를 표시하면서 잡귀나 질병이 들어오지 못하게 막고, 마을을 지키는 거야. 그래서 생긴 모습도 수문장답게 무서워. 장승은 장성, 장신, 벅수, 수살이, 수살목이라고도 불러. 그런데 장승은 사람 모습을 하고 있어서 옛날엔 재미난 일이 종종 일어났어. 1482년에 나온 『태평한화골계전』이라는 재미난 이야기 모음 책을 보면 이런 이야기가 있어.

장승을 곤장 친 수령

옛날에 어떤 벼슬아치가 지방 수령*이 되어 내려갔어. 그런데 이 수령이 하루는 술을 마시고 거나하게 취한 거야. 술에 취하니 하늘도 땅도 뱅글뱅글 돌고 정신은 오락가락하였지. 그런데 길가에 어떤 사람이 우뚝 서 있지 뭐야.
"네, 이놈! 너는 누구인데 고을 수령을 보고도 절을 하지 않는 것이냐?"
그런데 수령의 물음에 대답이 없네. 수령은 우뚝 서 있는 자가 괘씸했어.
"건방지구나! 여봐라, 저놈을 당장 끌고 오너라."
수령이 화를 내니 아전은 어쩔 수 없이 그 자를 끌고 오긴 했지. 그런데 이 자가 끌려와서도 멀뚱멀뚱 서 있기만 하네! 수령은 화가 나서 얼굴이 붉으락푸르락해졌어.
"너는 이 고을 백성으로서, 수령을 보았으면 당연히 엎드려 맞이해야 하거늘, 어찌 똑바로 서서 무례하게 구는 것이냐?"
수령이 하는 짓을 보다 못한 아전이 말했어.
"사또, 저것은 장생입니다."
장생은 장승이라는 말이야. 옛날에는 장승을 장생이라고 했거든. 그러니

* 고을 하나를 맡아 다스리던 지방 관리.

까 수령이 술에 취해 장승을 데려다 놓고 죄를 묻고 있었던 거지.

그런데 수령은 장생이란 말을 장씨 성을 가진 생원이란 말로 잘못 알아들었어.

"네가 비록 장생원이라 해도 수령 앞에서는 예의를 갖추어야 하는 것이다. 너는 무례하니 곤장을 맞아 마땅하다!"

수령은 아전을 시켜 장승을 곤장 치게 하였어.

다음 날, 수령이 술에서 깨어나 밖에 나와 보니 장승이 길가에 넘어져 있네! 수령은 급히 아전을 불러 나무랐어.

"어찌 장생이 여기에 와 엎어져 있는 것이냐? 대체 장생 관리를 어떻게 하는 것이냐?"

아전이 민망하여 대답했지.

"어제 장생은 고을 수령이 지나가는데도 우뚝 선 채 예를 갖추지 않았습

대전 법동리 돌장승　　안동 하회마을 삼신당 장승

니다. 그래서 무례한 죄로 곤장을 맞아 저리 되었습니다."
아전 말에 수령은 그만 얼굴이 벌게지고 말았지.

　우습지? 하지만 어쩌겠어. 수령이 술 마신 탓도 있지만 사람으로 착각할 만큼 장승이 사람처럼 생겨 일어난 일인걸.
　장승은 원래 돌장승이 아니라 나무장승이 먼저였어. 그런데 나무는 썩기 때문에 몇 년에 한 번씩 다시 세워야 하는 번거로움이 있으니까 17세기 말에 이르러 돌장승으로 바꿔 세우는 마을이 생겨났지. 그렇다고 나무장승이 싹 다 없어졌다는 것은 아니야. 지금도 나무장승을 세우는 마을은 많아.
　대전 법동리에 가면 오래된 돌장승이 있는데, 이 돌장승도 원래는 나무장승이었다가, 약 300여 년 전에 돌장승으로 바꿔 세운 거야.

남원 돌장승

운주사 돌장승

　장승은 대개 한 쌍이야. 길을 사이에 두고 서로 마주보고 서 있지. 하나는 천하대장군(天下大將軍), 하나는 지하여장군(地下女將軍)이란 이름을 달고서. 법동리 돌장승도 예전에는 마을 하천을 중심으로 오른쪽에는 천하대장군, 왼쪽에 지하여장군이 서 있었대.

　장승은 임진왜란과 병자호란, 정묘호란 등 수 차례 큰 전쟁을 겪은 뒤, 마을 지키는 수문장, 수호신의 역할이 더욱 강해졌대. 망가지거나 무너진 절과 읍성을 다시 세우면서 장승을 길가뿐만 아니라 성문이나 절 입구에도 세우기 시작했지. 그런데 왜 성문이나 절 입구에 마을 수호신을 세웠을까?

　옛날 사람들은, 성문은 사람이나 가축도 드나들지만 눈에 보이지 않는 잡귀, 잡신, 살*, 액** 같은 것도 출입하는 곳이라 생각했어. 그래서 성문이나 절 입구에 마을 수호신을 모셔서 마을을 해칠 만한 존재들이 들어오는 것을 막고 싶어 했지. 성과 성안에 사는 마을 사람

* 사람을 해치거나 물건을 깨뜨리는 모질고 독한 귀신의 기운.
** 모질고 사나운 운수.

들을 보호하기 위해 말이야. 그런 심리가 17세기 이후에, 장승을 마을 입구마다 세우게 만들었고 장승은 마을 수호신으로서의 성격이 굳어지게 되었어.

게다가 18세기 후반에는 리 단위 밑에 있던 자연촌들이 독립된 마을로 발전해 갔거든. 그러자 마을 사람들은 새로 독립한 마을의 복을 기원하기 위해 장승을 새롭게 세웠고, 이것이 오늘날의 마을 장승이 되었어.

미륵리의 미륵불

불교가 널리 퍼진 후로는 돌장승의 모습도 점차 부처를 닮아 갔다. 부처를 닮은 돌장승은 따로 돌부처 또는 미륵불이라고 불렀다. 충청북도 충주시 상모면에는 미륵불이 있는 곳이라 하여 마을 이름이 '미륵리'인 곳이 있다. 보물 96호로 지정되어 있는 미륵리의 '괴산미륵리석불입상'은 둥근 얼굴에 활 모양의 눈썹, 긴 살구씨 모양의 눈, 넓적한 코, 두터운 입술 등이 고려 시대 초기에 많이 만들어진 불상의 특징을 잘 보여 주고 있다. 전설에 따르면 신라 시대 말의 마의태자가 나라의 멸망을 비통하게 여기며 이곳까지 와서 불상을 만들고 개골산으로 들어갔다고 한다. 괴산미륵리석불입상은 모두 5개의 돌을 이용하여 불상을 만들고 1개의 얇은 돌로 갓을 삼았다.

장승은 불교 미륵신앙•의 영향을 받기도 했어. 그래서 돌장승을 불상처럼 만들기도 하고, 돌장승 자체를 미륵불이라고 부르는 경우도 있었지.

사람들은 장승을 세우고는 장승제를 지냈는데, 지금도 장승제를 지내는 곳은 많아. 대덕 법동리 사람들도 해마다 돌장승에게 제사를 지내. 옛날엔 음력 10월에 지냈다는데, 요즈음은 음력 정월 14일 밤이 되면 제사를 지내.

제주에는 돌하르방이라고 부르는 제주만의 석인상이 있어. 돌하르방은 돌로 만든 할아버지라는 뜻이야. 제주도로 여행가는 사람들은 누구나 한번쯤 돌하르방 인형이나 열쇠고리 같은 기념품을 살 정도로 돌하르방은 제주도를 대표하는 상징물이지.

돌하르방은 조금씩 다르게 생기긴 했지만, 구멍이 숭숭 뚫린 화산석을 다듬어 만들었다는 것과 몸에 비해 커다란 머리를 하고 있다는 것, 또 부리부리한 두 눈과 커다란 코, 머리엔 벙거지형 모자를 쓰고, 두 손은 엇갈려 배 위에 얹고 있으며 다리는 없는 모습이 모두 같아. 그래서 누구나 척 보면 돌하르방이구나 알 수 있지.

돌하르방은 마을의 경계를 알려 주기도 하면서 육지의 돌장승처럼 마을 사람들의 안전과 건강을 지켜 주고 기원을 해 주는 마을 수호신의 역할을 하지.

• 미륵신앙은 삼국 시대부터 지금까지 수많은 사람들에게 영향을 준 신앙이다. 중생들이 어려움에 처하면 미륵불이 와서 중생을 구제하고 사회를 변혁시킨다고 믿는다.

돌하르방

다른 나라의 석인상

이스터 섬 석인상

　태평양 한가운데 있는 이스터 섬에는 곳곳에 거대한 바위 거인들이 서 있어. 이 바위 거인을 사람들은 '모아이'라고 부르는데, 어떤 것은 7층 건물만큼 키가 크고, 무게가 80톤이나 돼. 섬 전체에 600개 이상의 모아이 상이 흩어져 있어.

　모아이들은 대개 '아후'라고 부르는 성스러운 장소를 내려다보고 있는데, 아후에는 장례용 방과 석관이 있어서 죽은 이의 시신을 놓지. 이걸 보고 학자들은 섬의 원주민 부족이 모아이를 조상들의 영혼이 깃드는 바위로 여겼다고 짐작해. 사람이 죽으면 영혼은 이 모아이에게 갈 거라고 믿었다는 거지. 그러나 모아이가 생긴 이유와 만든 방법은 아직 풀리지 않는 수수께끼로 남아 있어.

알타이 석인상

중국 북서부의 알타이 지역에 있는 석인상들은 대개 제사터 옆에 있는데, 떠오르는 태양을 향해 서 있어. 고대 이 지역에 살던 사람들은 죽은 자의 영혼은 석인상 안에 모셔진다고 생각해서 제사 때 석인상을 만들었대. 석인상이 죽은 사람을 상징하는 것이지. 제사가 끝나면 죽은 자의 영혼을 자유롭게 풀어 주기 위해서 석상의 일부를 깨기도 했대.

귀걸이나 목걸이를 한 석인상과 칼을 든 석인상이 많아서 귀족이나 전사의 제사터에 만든 게 아닐까 추측된대.

필리핀·발리 석인상

필리핀, 발리 섬에 가면 우리나라 제주 돌하르방과 비슷하게 생긴 석상들이 많아. 오른손을 위로, 왼손을 아래로 둔 것도 우리 돌하르방과 비슷하고, 머리에 모자를 쓴 것도 비슷하며, 눈이 퉁방울처럼 튀어나오고 이마에 주름살 있는 것도 비슷해. 또 두 다리가 없는 것도 같아. 우연일 수도 있고 깊은 관련이 있을 수도 있지만 그 비밀은 아직 풀리지 않았어.

3. 돌무지 수호신, 서낭

　산길을 가다 보면 크고 작은 돌멩이들이 산처럼 수북이 쌓여 있는 돌무지를 만나게 돼. 또 농촌 마을 입구에서도 돌무지나 돌탑을 볼 수 있지. 사람들은 지나가다 돌무지를 보면 돌멩이 하나를 얹거나 돌멩이 서너 개를 포개 작은 돌탑을 만들어 놓고 뭔가를 기원해. 우리에게 이런 행동은 매우 자연스럽지.

　그런데 궁금해. 우리는 왜 돌무지를 보면 그냥 지나치지 못하는 거지? 우리는 대체 누구에게 기도를 하는 거지?

　돌무지를 만드는 문화는 아주 오래된 문화야. 요즘은 특별한 의미 없이도 돌무지를 만들지만 옛날에는 마을 입구나

산 고갯마루에 돌무지 서낭을 만들고, 서낭신을 섬겼어. 그래서 먼 길을 떠날 때면 서낭에 가서 무사히 여행을 마치고 돌아올 수 있도록 돌봐 달라는 기도를 했어. 기도를 할 때는 돌을 하나 얹기도 하고, 떡이나 돈을 바쳤지. 그러면 서낭신이 어여삐 여겨 돌봐 준다고 믿었어.

그럼, 서낭신은 어떤 신일까?

충북 옥천군 돌탑

성황은 서낭과 달라요

강원도 평창군 평안리 성황당

서낭과 성황 둘 다 마을 수호신의 성격을 지니고 있어 같은 것으로 여겨지는 경우가 많지만, 둘은 엄연히 다르다. 성황은 중국 송나라 때 우리나라로 들어온 것으로 집처럼 생긴 사당에 수호신을 모시는 형태이며, 유래는 중국의 해자의 신에서 비롯된다. 중국에 해자라고 부르는 연못이 마을 성벽을 둘러싸고 있는데 성황이 바로 이 해자의 신이라고 한다. 성 수호신, 마을 수호신 같은 존재인 것이다.

우리나라의 성황당에서 모시는 신은 마을마다 다르게 나타나는데, 마을에 내려오는 전설에 따라 한을 품고 죽은 귀신에게 제를 올리려고 만든 성황당도 있다. 성황당 안을 보면 어떤 신을 모시고 있는지 그림이나 조각상을 통해 알 수 있다. 성황당은 주로 고개와 고개 사이에, 혹은 마을과 마을 사이에 자리를 잡고 있으며, 마을 사람들과 지나는 이들을 보호해 준다고 여겨졌다.

한편, 서낭은 돌무지 형태이다. 어떤 서낭은 돌무지만 있고, 또 어떤 서낭은 돌무지와 나무, 혹은 돌무지와 장승이 함께 있다. 나무나 장승은 세월이 흐르면서 덧붙여진 것이고, 원래 서낭은 돌무지이다. 그래서 나무나 장승은 없어도 돌무지는 반드시 있어야 서낭이라고 할 수 있다. 돌무지 서낭은 시베리아, 중앙아시아, 티베트, 네팔 등지에 널리 퍼져 있다.

주로 돌무지나 돌탑 형태로 모시는 서낭신은 원래 사냥을 나가는 사람이나 먼 길을 떠나는 사람들의 수호신이었어. 예전에는 산마다 고개마다 여우나 늑대, 곰, 호랑이 같은 짐승이 많았거든. 먼 길을 가거나 사냥을 떠나는 사람들은 맹수의 공격을 받을까 봐 늘 걱정을 했어. 그래서 집을 나설 때면 서낭에 들러 서낭신에게 기도를 하고 갔지. 별 탈 없이 사냥을 하게 도와 달라고 빌고, 무사히 일을 마치고 집으로 돌아올 수 있게 해 달라고 말이야.

그러나 세월이 흐르면서 사람들은 사냥보다 농사일을 더 많이 하며 살게 되었어. 자연스럽게 사람들은 서낭신에게 마을을 지켜 달라는 기도를 더 많이 했겠지. 사냥꾼의 수호신이었던 서낭신은 점차 농촌 마을의 수호신으로 변해 갔어.

서낭신은 사람들이 풍년 들게 해 달라고 빌면 풍년 들게 해 주고, 아기 없는 사람에게는 아기 낳는 힘을 보태 줬어. 물론 사냥 나가는 사람이 있으면 여전히 돌봐 주고, 먼 길 떠나는 사람은 안전하게 돌아올 수 있도록 기원해 주는 일도 계속하면서 말이야.

충북 옥천군에는 마한 시대, 그러니까 백제 시대 이전부터 지금까지 제를 지내 온 돌무지 서낭이 있어. 무려 2천 년 이상 제를 지내 온 돌무지야. 사람들이 이렇게나 긴 세월 동안 제를 지낸 것은, 이 돌무지가 마을에 나쁜 일을 몰고 오는 액을 물리쳐 주는 마을 수호신이기 때문이야.

그러니까 선돌이나 돌장승처럼 돌무지, 돌탑도 두루두루 우리를 지켜 주는 우리 겨레의 오래된 마을 수호신인 거지.

충남 공주군 반포면 공암리에는 '할머니탑'이라는 돌탑이 있어. 할머니탑이 마을을 어떻게 지켜 줬나 신기한 이야기 하나를 들려줄게.

마을을 통째로 구한 할머니탑

조선 시대 인조 때, 어느 해 정월 대보름날 전날이었어. 놀랍게도 마을 사람들 모두가 똑같은 꿈을 꾼 거야. 마을 사람들 꿈에 한 할머니가 나타나서는,

"내가 이 동네 냇가에 와서 죽었다. 내 시신을 염주, 목탁과 함께 거두어서 그 자리에 돌을 쌓아 묻어 주면 나는 너희 마을을 수호하는 신령이 되어 주겠다."

이렇게 말을 한 거야.

다음 날 사람들은 너도나도 꿈 이야기를 했어. 그러다 마을 사람 모두 같은 꿈을 꾸었다는 걸 알게 되었지. 사람들은 말했어.

"이건 예사 꿈이 아니야."

사람들은 부랴부랴 냇가로 달려갔어. 냇가에는 정말로 꿈에서 들은 대로 할머니 한 분이 죽어 있었어. 사람들은 얼른 할머니 시신을 거두어 돌을 쌓고 장례를 치렀지. 그 후로 할머니 말처럼 마을에는 나쁜 일이 안 생기고 평화로운 날들이 계속됐어.

그로부터 약 150년이 지난 어느 날이었어. 마을 사람들 꿈에 다시 할머

니 신령이 나타난 거야. 할머니 신령이 마을 사람들에게 말했어.
"며칠 후면 큰 물난리가 날 것이다. 그러니 돌멩이 하나도 빠뜨리지 말고 내 돌탑을 냇가 건너편으로 옮겨 다오."
사람들은 서둘러 돌무덤을 냇가 건너편으로 옮겼어. 할머니 신령 말대로 돌멩이 하나도 빠뜨리지 않고 말이야. 그러고 나자 정말로 폭우가 쏟아지기 시작했는데 근처 마을은 전부 물바다가 되었지만 공암리만은 할머

신령이 보살펴 준 덕에 물 피해를 전혀 입지 않았다는 거야.

마을 사람들은 할머니 신령의 신기한 힘에 탄복했지. 그래서 그 후 더욱 정성을 다하여 할머니탑을 섬겼어. 지금도 해마다 음력 정월 열나흗날이 되면 제사를 지내.

그런데 공암리 할머니 신령 말이야, 속이 좀 좁은 거 같지 않니? 이왕이면 이웃 마을도 비 피해를 입지 않도록 도와주면 좀 좋아? 그럼 이웃 마을도 할머니 신령을 고맙게 생각해서 신으로 받들 거 아니야? 하지만 할머니 신령은 그러지 않았어. 왜일까?

이건 마을 수호신은 마을 안 세상, 마을 안에 사는 사람들을 보호하는 신이기 때문이야.

　무슨 말인지 모르겠다고? 그럼 차근차근 설명할 테니까 들어봐.

　선돌, 돌장승, 돌무지 서낭은 마을 수호신이기도 하면서 마을의 경계를 표시하는 역할을 해. 마을 수호신이 경계를 표시한다는 것은, 행정 단위로서의 경계만을 뜻하는 건 아니야. 이 경계는 신이 돌봐 주어 안전하고 질서가 잡힌 공간과 신의 보살핌을 받지 않는 불안전하고 무질서하고 위험이 도사린 공간의 경계를 말해.

　마을 안이 신의 보호를 받으며 안전하고 질서가 잡힌 공간이라면 마을 밖은 신의 보호가 닿지 않는 곳으로 잡귀, 잡신이 있고, 병이나 괴물 같은 존재가 사는 공간인 거지.

　그리고 그 무질서하고 불안전한 세상의 존재들은 언제든지 신성한 공간을 침범할 수 있지. 경계는 그래서 늘 위험해. 그렇기 때문에 옛날 사람들은 경계인 마을 입구에 마을 수호신을 모셔서, 외부로부터 들어오는 침입자를 막고, 신의 힘이 미치는 공간 안에서 평안하고 안전하게 살기를 바랐지.

즉, 마을 수호신은 경계 안의 마을을 경계 너머 세계로부터 분리하여 보호하는 독립 영역의 신인 거지. 경계 너머 또 다른 경계는 그곳에서 독립적으로 존재하는 수호신이 보호해 주는 거고. 그러니까 공암리 돌탑 할머니가 속이 좁아서 공암리만 보살펴 준 게 아닌 거야. 이웃 마을은 이웃 마을 수호신이 보호한다, 그 말이지.

이런 생각은 모든 출입구에 적용돼. 문 위에 부적을 부치거나 문신을 모시는 것, 성문 앞에 돌장승을 모시는 것 모두 경계에 대한 두려움이 바탕에 있는 거야. 경계가 위험한 만큼 경계에 있는 신은 중요하지.

그런데 사람들이 마을 수호신에게 예의를 지키지 않으면 어떻게

될까? 당연히 화를 내겠지? 옛날에는 사람들이 말이나 가마를 타고 다녔잖아? 말이나 가마 타고 가다가 서낭을 보고도 귀찮아서 그냥 지나쳐 가면 서낭신이 화를 냈다고 해. 그 사람에게 안 좋은 일이 생기는 거지. 그래서 임금님도 서낭을 보면 가마에서 내려 걸어 지나갈 정도였대.

서낭신께 기도할 때는 어떻게 할까? 사람들은 존경의 의미로 서낭신께 세 번 절을 하고, 떡이나 돈을 바치고, 또 침을 뱉었어. 더럽게 왜 침을 뱉느냐고? 옛날 사람들은 침 속에 자기 영혼이 깃들어 있다고 생각했어. 그러니까 침을 뱉는 것은 자기 영혼을 바친다는 뜻이고, 그만큼 서낭신을 존경하고 믿는다는 뜻이야.

다른 나라의 돌무지

서낭과 비슷한 몽골의 돌무지

몽골 초원에는 우리의 서낭과 비슷한 돌무지가 있어. '어워'라고 하지. 어떤 학자는 우리의 서낭이 몽골 초원의 어워와 같은 종류라고 해.

몽골 어워는 우리의 서낭처럼 산꼭대기나 고갯마루, 샘, 강 근처에 있는데, 어워에는 물과 대지의 신이 깃들어 있다고 여겨져. 몽골 사람들은 풀이 돋는 음력 5월과 풀이 시들고 눈발이 흩날리기 시작하는 음력 8월에 어워제라는 제의를 지내. 어워제 때 사람들은 가축이 새끼를 많이 낳고, 말 타고 다닐 때 안전하고, 마을이 평화롭고, 비가 내려 풀이 잘 자라게 해 달라고 기도를 하지.

몽골 인들도 어워를 지날 때는 우리처럼 돌을 올려놓고 기도를 해. 그런데 우리와 달리 정해진 어워 기도문이 있어.

"어워의 높은 곳은 당신이 가지시고, 은혜와 이익은 우리가 갖도

몽골의 돌무지

몽골의 어워

록 하소서."

유명한 어워로는 몽골 13어워가 있는데, 적을 항복시키는 신, 재물신, 바람신, 비신, 눈신, 말신, 소신, 양신, 산양신, 낙타신, 토지신, 군사를 지켜 주는 신, 싸움신 등 13신이 깃들어 있대.

영혼이 깃드는 알타이의 돌무지

중국 북서부의 알타이 지역에서는 사람이 죽으면 죽은 사람의 물건을 다 태우고 나서 마지막에 돌을 쌓아 돌무지를 만들어. 그러면 돌무지에 죽은 이의 영혼이 깃들게 된대.

지역 신이 깃드는 투바의 돌무지

러시아 연방에 있는 투바의 돌무지는 '오바아'라고 하는데, 주로 고갯마루, 길가 산중턱, 샘 주변 등에 만들지. 오바아에는 그 지역의 신이 깃들어 있는데, 오바아는 돌무지 둘레에 키 큰 나무들을 원뿔 모양으로 세우고, 그 안에 신성한 돌 10종류를 놓아 만들어.

5부 돌은 영혼의 안식처이다

돌을 영혼의 안식처라 믿으며
사람이 죽으면 영혼은 돌로 깃들고,
이후에 돌의 강인한 생명력에 힘입어 새 생명을 얻는다고 믿었어.
그래서 사람이 죽으면 돌로 무덤을 만들었지.
죽은 사람을 묻기 시작한 것은 구석기 후기부터라는데,
무덤이 일정한 형식을 갖추고 등장한 것은
국가 체제가 발전하기 시작한 청동기 시대부터야.

1. 죽은 자를 보호하는 돌무덤

　사람은 죽으면 어떻게 될까? 육신은 썩어 흙으로 돌아갈 테지만 영혼은 어떻게 될까? 어른들은 흔히 저승으로 간다고 말씀하시지. 교회 다니는 친구들은 하느님이 계신 천국으로 간다고 하고, 절에 다니는 친구들은 부처님이 계신 극락 세계로 간다고 말해. 하지만 기독교나 불교를 모르는 사람들, 기독교나 불교가 생기기 이전에 살았던 사람들은 죽은 자의 영혼이 어떻게 된다고 생각했을까?

과학이 발달한 지금은 사람이 죽으면 뇌가 활동을 멈추고, 그에 따라서 사람이 생각하고 느끼는 것도 멈추게 된다고 하지. 영혼이란 게 따로 있는 것은 아니라고 말해.

그러나 옛날 사람들은 그렇게 생각하지 않았어. 사람이나 동물이나 모두 영혼을 가지고 있고, 영혼은 죽지 않고 영원히 사라지지 않는다고 생각했어. 그래서 사람이 죽으면, 영혼은 영혼들만의 세계로 갔다가 이 세상으로 다시 돌아온다고 믿었어. 하다못해 곰의 영혼조차 곰의 조상신들이 사는 세계로 갔다가 이 세상으로 다시 돌아온다고 상상했어.

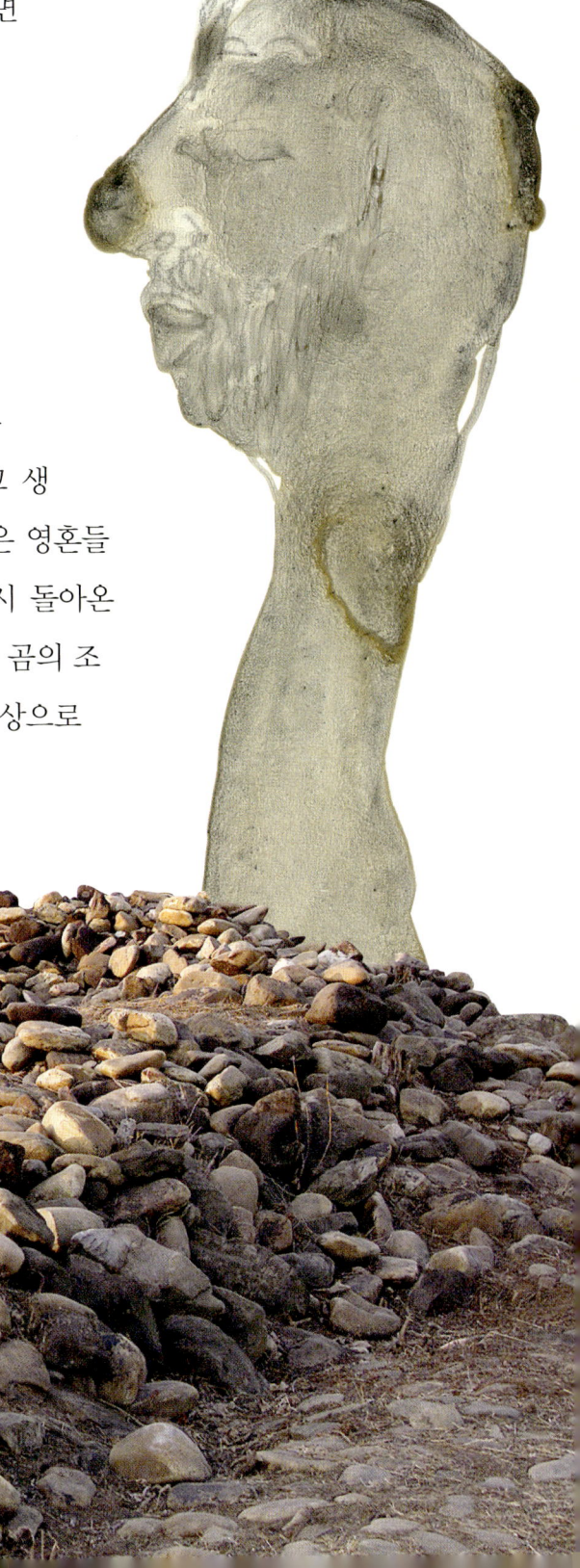

 광개토대왕릉
 장군총

　그리고 또 어떤 사람들은, 그러니까 돌을 숭배하고 돌문화를 만들어 온 사람들은, 돌을 영혼의 안식처라 믿으며 사람이 죽으면 영혼은 돌로 깃들고, 이후에 돌의 강인한 생명력에 힘입어 새 생명을 얻는다고 믿었어. 그래서 사람이 죽으면 돌로 무덤을 만들었지.

　사실, 돌은 무겁고 단단하여 죽은 시신을 덮어 놓기에 적당해. 흙으로 시신을 덮어 놓으면 여우 같은 야생동물들이 흙을 파헤치고 시신을 먹어 치우기 쉽잖아? 그러나 무거운 돌로 눌러 놓으면 짐승의 손을 타지 않아 안전하지. 돌이 죽은 사람의 영혼뿐만 아니라 몸까지도 보호해 주는 거야. 그래서 옛날 사람들은 더욱 더, 돌은 영혼의 보호자이고 안식처라고 생각했고, 그런 생각 때문에라도 돌무덤을 많이 만들었어.

　죽은 사람을 묻기 시작한 것은 구석기 후기부터라는데, 무덤이 일

부여 백제 돌방무덤

춘천 중도 적석총

정한 형식을 갖추고 등장한 것은 국가 체제가 발전하기 시작한 청동기 시대부터야.

돌무덤 역시 그래. 신석기 시대에는 땅에 시신을 눕히고 막돌을 쌓아 돌무지무덤(적석총)을 만들었지만 청동기 시대로 접어들면서 틀을 갖춘 본격적인 돌무덤이 만들어졌어.

강이나 개울에 있는 냇돌을 가져다 바닥에 깔고 시신을 올려놓은 뒤에 다시 냇돌을 쌓는 돌무지무덤, 판돌로 널을 짜고 그 속에 시신을 놓은 뒤에 납작하고 길쭉한 판돌을 덮어 만드는 돌널무덤, 거대한 바위로 덮개석을 만든 고인돌무덤 등 다양한 돌무덤이 만들어졌어.

고구려도 초기에는 돌무지무덤을 만들었어. 백두산 너머 집안 지역, 환인 지역에는 지금까지도 고구려의 돌무지무덤이 수백 기 남아 있어. 유명한 광개토대왕릉과 장군총도 이곳에 있지.

이집트의 피라미드처럼 생긴 장군총은 길이 5미터가 넘는 돌을 무려 1,000개 이상 쌓아 올려 만든 돌무지무덤이야. 그러나 여느 돌무지무덤과는 좀 달라. 돌로 단을 쌓고 그 위에 다시 돌로 무덤방을 만든 다음에 또다시 돌을 쌓아 만들었거든. 그래서 돌무지돌방무덤이라고 불러.

고구려는 평양으로 수도를 옮긴 뒤에 점차 한나라의 영향을 받으면서 돌무지무덤 대신 굴식돌방무덤을 만들었어. 입구는 굴처럼 만들고 무덤방은 돌을 쌓거나 판돌로 벽을 만들어 시신을 안치할 수 있는 방을 만든 뒤에 바깥은 흙을 둥글게 덮어 쌓은 무덤이야. 벽화가 그려져 있던 고구려 고분들은 모두 굴식돌방무덤이지.

백제는 고구려 유민들이 세운 나라라 초기에는 고구려처럼 돌무지무덤을 만들었어. 서울 석촌동에 남아 있는 돌무지무덤이 바로 백제 초기 지배층 무덤이야. 송산리 6호분이나 부여 7호분, 무령왕릉은 백제가 수도를 공주로 옮긴 후에 만든 돌방무덤이야.

신라도 돌방무덤이 많아. 경주에 있는 유명한 천마총과 황남대총 모두 돌방무덤이지.

우리나라 최초의 무덤

한반도에서 발견된 무덤 중에 가장 오래된 무덤은 4만 년 전에 만들어진 흥수아이라는 5살짜리 아이의 무덤이다. 충청북도 청원군 두루봉 동굴에서 발견된 무덤으로 무덤을 발견한 사람의 이름을 따서 흥수아이로 불리게 됐다. 무덤은 바닥에 편편한 석회암을 깔고 고운 흙을 뿌린 다음에 시신을 바로 펴 묻고 꽃을 뿌린 것으로 보이며 그 위에 다시 고운 흙을 뿌리고 판돌을 덮어 만들었다 한다.

학자들의 연구에 따르면 그 당시 많은 아이들이 그랬듯이 병에 걸린 채 자라지 못하고 동굴 속에서 영원히 잠들게 됐을 거라고 한다.

영혼을 떠나 보내는 여러 가지 방법

신석기나 청동기 시대를 살았던 사람들은, 사람이 죽으면 몸은 썩지만 영혼은 죽지 않고 다시 태어난다고 믿었어. 그래서 사람이 죽으면 죽은 사람의 영혼이 몸에서 빠져나올 수 있도록 도왔지.

그럼 영혼은 몸에서 어떻게 빠져나온다고 생각했을까? 어떤 사람들은 몸에서 상처가 나 피가 흘러나오면, 영혼이 피를 따라 밖으로 빠져나온다고 상상했어. 그래서 사람이 죽으면 시신을 들판에 갖다 두거나 나무 위에 얹어 두었어. 새나 짐승이 몸에서 영혼이 빠져나올 수 있도록 해 주기 때문이지.

새가 주검 즉, 죽은 사람의 몸을 처리하게 하는 것을 조장(鳥葬)이라 하고, 들판이나 숲에 주검을 두어 들짐승이 주검을 처리하게 하는 것을 풍장(風葬)이라 하는데, 주검을 처리하는 까마귀 같은 새를 영혼의 안내자라 여겼어. 풍장에서는 주검이 해체되면 뼈를 거두어 오는 경우도 있고, 공기 중에 둔 채로 자연히 사라지게 하는 경우도 있어.

죽은 자의 신체를 처리하는 방식으로는 조장이나 풍장 외에 땅을 파고 시신을 묻는 토장(土葬), 강이나 바다에 보내 물고기가 처리하게 하는 수장(水葬), 불에 태우는 화장(火葬) 등의 방식이 있어. 환경에 따라 다른 문화가 만들어졌지.

2. 신성한 돌무덤, 고인돌

돌로 만든 무덤 가운데 가장 놀라운 건 고인돌이야. 90톤짜리 바위는 물론이고 200톤 넘는 거대한 바위까지 사용하며 돌무덤을 만들었거든. 그것도 청동기 시대에, 순전히 사람의 힘만으로!

그런데 어찌나 튼튼하게 만들었는지 수천 년이 지난 지금까지도 고인돌은 한반도 곳곳에서 땅을 딛고 당당하게 서 있어. 무려 4만여 기나 말이야. 이것은 세계 고인돌의 절반에 해당하는 숫자야. 우리나라는 가히 세계 최대의 고인돌 국가라 할 수 있지.

우리나라에서 고인돌이 가장 많은 지역은 전라남도야. 무려 1만 9천여 기가 모여 있어. 그다음은 평양 대동강 유역. 약 1만 4천여 기의 고인돌이 있지.

고인돌이 잔뜩 모여 있는 곳을 언뜻 보면, 크고 작은 돌덩어리가 여기저기 널려 있는 것처럼 보여. 그래서 옛날 사람들은, 고인돌을

힘센 장수가 가지고 놀던 공깃돌이라고 이야기했어. 또 어떤 장수가 성을 지으려고 바위를 가져가는데 성이 이미 완성되었다는 소식을 듣고는 짊어지고 가던 바위를 내려놓았는데 그게 바로 고인돌이라고 말해. 또 어떤 사람들은 거인 여신, 마고의 집이라고도 이야기하지.

고인돌은 마고할미의 집?

옛날 옛날에 마고할미가 두루두루 세상을 살피는데, 사람들이 옷이 없어 맨몸으로 다니더래.
"에그, 추워서 사람들이 어찌 사나."
마고할미는 옷 없이 사는 사람들이 가여웠어. 그래서 자기가 입고 있던 옷을 하나씩 벗어 사람들에게 나눠 주었지. 그러다 보니 어느 틈엔가 사람들은 모두 옷을 입고 사는데, 정작 마고할미는 옷 없이 발가벗게 되었지 뭐야.
마고할미는 할 수 없이 커다란 돌로 집을 짓고 그 속으로 들어가 살기로 했어.
마고할미가 그때 지은 커다란 돌집은 지금도 곳곳에 남아 있지. 그게 뭔지 알아? 바로 고인돌이야.

고인돌에 이런 이야기가 전해
진다는 것은 사람들이 고
인돌을 특별한 돌, 신성
한 돌이라고 생각했다는
뜻이야. 특히 알구멍이 있는 고인돌이나 그림이 새겨진 고인돌은 몹
시 신성하게 생각해서 오랜 세월 동안 사람들이 제를 지내고, 아들을
주는 신성한 바위로 섬겼어.

사실 대개의 고인돌은 청동기 시대 무덤이야. 고인돌 속에서 사람 뼈와 토기, 청동검 같은 유물이 나왔거든. 물론 모든 고인돌에서 사람 뼈나 청동기 유물이 나온 것은 아니지만 대체로 학자들은 고인돌을 청동기 시대 무덤이라고 말해.

그런데 이런 사실은 고고학•을 연구하는 학자나 역사를 배우는 사람들이나 알았지, 일반인은 고인돌의 가치를 잘 몰랐어. 2000년에 전라남도 화순, 고창 고인돌군과 강화도 고인돌군이 유네스코 세계 문화유산으로 등록되고 나서야 고인돌이 더 많이 알려지고 사람들도 새롭게 관심을 갖게 되었지.

내가 살던 고향 마을에도 고인돌이 있었어. 청동기 시대에 세운 고인돌이지. 어린 시절, 우린 그것이 무엇인지 몰라서 위에 올라가 잡기놀이를 했어. 그러나 이젠 청동기 시대 유적이라는 푯말이 붙어 있어서 고인돌은 기원전 5세기를 전후해서 약 1천 년 동안 만들어진 거대한 돌무덤이란 것을 알게 되었지. 더불어 우리 고향 마을의 역사도 5천 년에서 1만 년은 족히 되었다는 것도 알게 되었고 말이야.

그런데 청동기 시대에는 왜 이렇게 커다란 바위로 힘들게 무덤을 만들었을까?

첫째는, 앞에서 말했다시피 돌은 영혼의 안식처이며, 돌은 왕성한 생명력을 지니고 있어서 돌에 깃든 영혼이 다시 태어날 수 있게 도와준다고 믿어서야.

둘째는, 거대한 바위로 고인돌을 만들면서 부족의 힘을 모으고, 좀 더 강력한 신의 보호를 요청하기 위해서였어.

• 유물과 유적을 통하여 옛 인류의 생활과 문화를 연구하는 학문.

학자들 말에 의하면, 고인돌 무게가 커질수록 주위에 있는 고인돌 수는 적어지는데 이것은 마을이 합쳐져 커다란 마을을 이루었기 때문이래.

마을마다 몇몇 마을의 씨족장이나 영웅을 위한 고인돌을 만드는데, 씨족이 합쳐져 부족이 만들어지면 그 부족을 위해 더 큰 고인돌을 만드는 거지. 또 부족의 힘이 크면 클수록 더 크고 무거운 돌로 고인돌을 만들고 제를 지내면서 더 강력한 신을 요청한 거야.

그들은 왜 자꾸 부족을 합치고, 좀 더 강력한 신을 원했을까?

그것은 농경 문화의 발달과 관계가 있어. 고인돌이 세워졌던 시기는 농경이 발달하여 수확량이 늘어난 시기야. 농경의 발달과 함께 한반도 남쪽에는 점차 부족들이 연합을 하고, 북쪽에서는 고조선이라는 고대 국가가 세워졌지. 그런데 농사지은 수확량이 늘어나면서 불행하게도 부족 사이에 전쟁이 일어나기 시작했어. 모아 놓은 양식을 뺏고 뺏기는 쟁탈전이 벌어진 거지.

사냥을 하고 나무 열매를 따 먹던 시절에는 먹을 것을 빼앗기면 다시 사냥하거나 나무 열매를 따 오면 되잖아? 하지만 농사를 짓기 시작하면서는 사정이 달라졌어. 농사지어 한 해 먹을 양식을 모아 두었다가 그것을 빼앗기면 다음 추수 때까지 꼼짝없이 굶어야 하거든. 양식을 빼앗기는 것은 사형 선고나 다름없는 거야. 그래서 사람들은 목숨을 걸고 전쟁을 했고, 양식과 마을을 지키기 위해 강력한 부족장 밑으로 들어가거나 마음이 맞는 마을과 연합을 이루었어. 그러다 보니 씨족은 부족을 이루고 부족은 부족 연합을 이루게 되었지. 그와 함께 사람들은 좀 더 강력한 힘을 가진 사람을 우두머리로 모셨고, 이전보다 커다란 고인돌을 만들면서 좀 더 강력한 신을 요청했어. 전쟁을 치를수록 점점 더 강력한 신이 부족을 지켜 주길 바란 거야.

그러니까 커다란 고인돌이 있다는 것은, 그 당시 그 지역에 살았던 부족이 외부의 침입자에 맞서 목숨을 건 살벌한 전쟁을 치렀다는 말이 되고, 다행스럽게도 침입자들로부터 양식과 부족을 지켜 냈다는 뜻이 되는 거지.

강화도 부근리 고인돌

우리는 청동기 시대 사람들은 돌이나 숭배하며 적당히 일하고 놀며 편히 살았을 거라고 상상할 수도 있지만 결코 그렇지 않았다는 것을 기억할 필요가 있어. 실제로는 쉼 없이 농사를 지으며 전쟁을 하며, 자기 역사와 문화와 생활을 지켜 내기 위해 안간힘을 쓰며 살았던 사람들인 거지. 그런 힘겨운 생활 조건 때문에 그 당시 사람들은 돌과 바위가 지닌 강인함과 왕성한 생명력이 부족민들에게 옮겨지기를 간절히 바랐고, 그런 절실함이 돌을 숭배하고 거대한 고인돌을 만

들게 했다는 걸 이해해야 하는 거지.

 한반도에서 가장 큰 고인돌은 강화 부근리 고인돌, 고창 운곡리 고인돌, 화순 대신리 고인돌 등이야. 덮개돌 무게들이 무려 300톤 안팎에 이르지. 기계가 없는 시절에 이렇게 크고 무거운 바위로 고인돌을 만들려면 얼마나 힘들었을까? 혹시 힘들다고 고인돌 만들다 말고 도망치지는 않았을까?

 학자들 말로는 그랬을 가능성은 아주 적대. 고인돌 만드는 일 자체를 신성한 일이라고 여겨서 도망 따위는 하지 않았을 거래. 고인돌은 그 자체가 신성하기도 하지만 고인돌을 세우는 과정 역시 신성하다고 여겼거든. 고인돌 만들기에 적당한 바위를 찾는 것, 또는 바위를 떼어 내는 것, 옮기는 것 모두가 신성한 일인 거지. 그래서 적당한 바위를 찾으면 부족민들은 먼저 제를 지내고 힘을 합쳐 옮겼어. 바위를 옮기다 보면 경사진 언덕을 넘어야 할 테고, 가파른 내리막길도 지나야 했을 테지. 또 거친 자갈길도 지나야 했을 테고. 수십, 수백 톤 바위를 사람의 힘만으로 옮기는 과정은 몹시 힘겨웠을 거야. 부상을 당하거나 사고로 죽는 사람이 나오기도 했을 거야.

 그러나 사람들은 사고조차도 자신들이 부정하여 신이 화를 내서 일어난 일이라고 여겼지. 그러니 일이 고되다고 도망을 치거나 불평을 늘어놓지는 않았을 거라는 이야기야. 오히려 모든 과정 하나하나를 부족의 힘을 키우고 지키는 중요한 일로 여겼을 거야.

 또한 엄청난 무게의 바위를 옮기고 그 바위로 무덤을 만들었다는 것은, 부족의 규모가 상당히 클 뿐만 아니라 사람들의 마음을 하나로

고창 고인돌 공원의 여러 고인돌

묶고, 대공사에 부족민을 동원할 만한 강력한 지도력을 지닌 부족장이 있었다는 뜻이지.

전북 고창에서 바위 끌기 실험을 한 적이 있는데, 실험 결과 98톤짜리 바위로 고인돌을 세우려면 844명이 필요하더래. 844명의 건장한 남자 어른이 동원되어 일을 할 정도면 그 부족은 적어도 인구가 4천 명 이상은 되어야 한대. 그렇다면 300톤에 가까운 운곡리 고인돌을 만든 부족은 얼마나 큰 부족이었을까? 적어도 인구가 만 명은 훨씬 넘는 부족이었을 거야.

그런데 고인돌은 왜 더 이상 만들어지지 않았을까? 힘들어서 그랬을까?

고인돌 세우기가 중단된 가장 큰 이유는 아마도 철기 문명을 가진 사람들이 이동해 오고 그들이 한반도의 새로운 세력자가 되었기 때문일 거야. 청동기 시대라고 해도 사람들은 여전히 돌로 만든 도구를 사용하며 살았고, 무기도 돌로 만든 거였지. 철을 가진 사람과 싸워서 이길 수 없는 거지. 물론 청동기 시대니까 청동검이 있긴 했어. 하지만 청동은 부드럽고 물러서 칼이나 생활도구로 사용하기에 적당하지 않았어. 청동검이나 청동거울은 제의용 도구나 제사장·족장의 상징으로만 사용했어. 그런데 철로 만든 도구를 사용하는 자, 단단하고 날카로운 칼을 든 자가 등장하니 한반도 지배 세력은 바뀔 수밖에 없었지. 그렇게 되면 철기 문명을 가진 사람들은 자기네 방식대로 무덤을 만들고 제의를 지내야 하니까 더 이상 고인돌은 세우지 않게 된 거지.

그렇다면 고인돌에는 어떤 사람이 묻혔을까? 고인돌에는 일반인이 아니라 제사장이나 부족장, 또는 전쟁에서 죽은 전사와 영웅들이 묻혔어. 부족을 위해 헌신하고 죽은 위대한 영혼을 위해 고인돌을 만들고 그들의 영혼이 고인돌에 깃들었다가 다시 부활하기를 기원하며 만든 돌무덤이 고인돌인 거야.

고인돌 중에는 사람의 뼈나 유물이 출토되지 않은 것도 많아. 이것은 고인돌을 무덤 용도로만 만든 게 아니라는 것을 보여 줘. 제의를 올리기 위해 거대한 돌로 고인돌식 제단을 만들었다는 거지. 고인돌 제단을 만들고 거기에서 신에게 제사를 지낸 거야. 고인돌과 그 주변은 성스러운 신의 제단이 되는 거지.

그런 까닭 때문일까? 옛날 사람들은 고인돌을 여신 마고의 집이라고 이야기했고, 어떤 고인돌은 최근까지도 신성한 기도처였어. 그리하여 고인돌에 성스러운 알구멍을 만들고, 풍요와 다산을 빌었지. 또 거북이나 두꺼비 모양의 고인돌을 거북바위, 두꺼비 바위라고 부르며 신성한 기도처로 생각했고, 일고여덟 개의 고인돌이 모여 있으면 칠성바위라 하여 숭배했어.

두 다리로 무거운 덮개돌을 이고 당당하게 서 있는 고인돌을 바라보고 있노라면 어쩌면 저것은 고대인들이 생각한 이 세상일지도 모른다는 생각이 들어. 넓고 판판하고 크나큰 덮개돌은 영원하고 푸른 하늘이고, 덮개돌을 떠받치고 있는 고인돌은 하늘을 받치고 있다는 신화 속의 기둥, 죽은 자를 눕힌 땅은 우리들이 발 딛고 사는 땅일지 몰라. 단지 고인돌 속 세상에서 사는 사람이 산 자가 아니라 죽은 자의 영혼이라는 것만 다른 거 아닐까? 무덤이라는 것은 죽은 자의 집, 영혼의 안식처니까 말이야. 그렇다면 고인돌은 또 하나의 세상인 거네. 죽은 조상들의 영혼이 사는 세상, 조상신들의 세상. 우리들 눈으로 보면 작고 좁지만 그 속에는 보이지 않는 큰 세상이 있는 거네.

고인돌을 바라보고 있자니 나도 모르게 그런 상상을 하게 돼. 생각해 보니 이렇게 상상하는 버릇은, 돌에 스민 신화, 인류의 오랜 생각의 역사에 대해 공부하고 글을 쓰면서 생긴 거야. 실은 고인돌뿐만이 아니야. 산을 오르다 만나게 되는 돌무지나 커다란 바위, 시골 마을을 지나다 마주치는 선돌, 장승, 돌탑을 봐도 많은 생각을 하게 되고 상상의 나래를 펴게 돼. 저것에는 오랜 세월 이 땅을 일구며 살았던 조상들의 거칠었던 삶과 소망이 깃들어 있구나, 그들의 신화가, 그들의 철학이 스며 있구나, 생각하게 돼. 이 책을 읽은 친구들도 앞으로는 나와 같아지겠지?

여러 형태의 고인돌

탁자식 고인돌 - 북방식

주로 황해도, 강원도 같은 북쪽 지방에서 발견되는 고인돌이야. 커다란 탁자나 책상처럼 생겼지. 길이 8m, 폭 5m, 높이 2m 이상인 초대형 고인돌은 요동반도와 한국 대동강 유역에만 있대.

북방식 고인돌

기반식 고인돌 - 남방식

지하에 묘실을 만들고 그 위에 상석을 놓고 돌을 괴는 형식이야. 주로 전라도, 경상도 지역에서 발견되지. 마치 바둑판처럼 생겼어.

남방식 고인돌

개석식 고인돌

지하에 무덤방을 만들었으나 남방식 고인돌과는 달리 돌을 괴지 않고 무덤방 위에 덮개돌을 바로 올린 고인돌로 지하에 만든 무덤방 위에 바로 덮개돌(개석)을 놓은 형식이야.

개석식 고인돌

세계의 고인돌

프랑스 고인돌

프랑스 고인돌

프랑스는 기원전 5000년경에 신석기 시대가 시작되었어. 프랑스 고인돌은 통로가 있고, 무덤방 천장을 천장식으로 만들거나 계단식으로 올라가는 석총으로 만들었어. 무덤방에는 암각화가 새겨져 있어서 무덤 외에 제의를 올리는 사원으로 만들어졌을 가능성이 크지.

러시아 캅카스 지역의 고인돌

한반도 탁자식 고인돌과 비슷해. 캅카스 고인돌은 군집을 이루면서 근처에 산이 있는 강가에 위치하며 동쪽이나 남쪽을 향해 있어. 이것은 무덤의 의미뿐만 아니라 태양신에게 제의를 올린 성소의 의미도

같이 있음을 뜻하지. 특이한 점은 앞쪽 받침돌에 구멍을 뚫어 출입 구역을 별도로 만들었다는 것이야.

인도네시아의 고인돌

선사 시대에 시작하여 최근까지 계속 만들어지고 있어. 무덤으로도 만들고 공로 잔치를 위해서도 만들어. 고인돌의 크기는 만드는 사람의 경제력에 의해 결정되는데, 공로 잔치는 부와 권력이 있는 사람들의 경쟁 속에 이루어진대. 따라서 인도네시아의 고인돌을 보면 그 사람의 사회적 신분을 알 수 있다는 거야.

일본의 규슈 지역 고인돌

크고 작은 평야를 끼고 있어서 고인돌을 만든 사람들이 농경 생활을 했다는 것을 알려 줘. 일본 고인돌의 대다수는 기반식이며 개석식도 있어. 탁자식 고인돌은 없어.

아일랜드 고인돌 거석 유물이 많기로 유명한 아일랜드 버렌 지역의 고인돌이다. 이곳에서는 고인돌을 '슬픔의 통로'라는 뜻으로 '풀나브론(Poulnabrone)'이라 부른다. 아일랜드에서는 약 1500기의 고인돌이 발견되었다.

나가는 말

소망이 깃든 돌 이야기

　옛날에 한 아이가 있었는데, 열다섯 살이 되도록 일하지 않고 게으름만 피웠어. 어머니 혼자 품팔이하며 근근이 먹고 사는데 말이야.
　하루는 종일토록 놀다가 어스름 녘에 집으로 돌아오는데, 뒤에서 무엇이 딸까닥딸까닥 소리를 내. 뒤돌아보니 장기알만 한 돌이 달달 구르면서 따라와. 아이는 돌을 집어 멀리 던져 버렸어. 하지만 돌은 어느새 다시 뒤쫓아 왔지. 그러더니 집까지 따라와선 부엌으로 냉큼 들어가 자리를 잡지 뭐야.
　아이는 알게 뭐냐 하고 방에 들어가 잤는데, 아침에 일어나 보니 돌이 물동이만 하게 커져 있는 게 아니겠어. 아이는 게을러서 더 이상 생각하지 않고 밖에 나가 온종일 놀았어. 아이가 저녁에 집에 돌아와 보니 돌이 이번에는 부엌 바닥을 덮을 정도로 커져 있었어. 돌은 자꾸자꾸 자라더니 다음 날 아침에는 부엌을 꽉 메워 버렸어. 밥해 먹긴 애당초 그른 거지. 아이는 할 수 없이 산에 가서 나무를 해다 팔아서 먹을 것을 사 왔어. 그러자 신기하게도 돌이 아주 조금 작아졌어. 그것을 본 어머니가 말했지.
　"아무래도 이 돌은 너에게 가르침을 주려고 하늘이 보냈나 보다. 이

제부터는 너도 열심히 일을 하여라."

 그때부터 아이는 밭도 매고 나무도 하며 열심히 일을 하였어. 그러자 돌은 점점 줄어들어 나중에는 처음처럼 작아졌지. 그러더니 하루는 아이가 나무하러 집을 나서자 냉큼 부엌 문턱을 넘더니 달달 굴러 어딘가로 사라져 버렸어. 아이는 그 후로도 열심히 일하며 어머니와 행복하게 살았대.

 재미난 이야기지? 예전에는 이 이야기를 흘려들었는데 돌 공부를 하고 보니 새롭게 들려. 신성한 돌은 열심히 일한 사람에게 풍요와 다산을 가져다주는데, 아이가 일은 않고 날마다 놀기만 하니 스스로 아이를 찾아와 가르침을 준 거지. 하긴 어떤 신이 일을 안 하고 놀기만 하는 사람에게 복을 주겠어?
 하지만 이제 돌은 하찮고 보잘것없는 것의 대명사가 되어 버렸어. 물론 요즘은 도시가 시멘트로 포장되어 있어서 굴러다니는 돌멩이 하나도 보기 어렵게 되었지만 들이나 밭, 졸졸 물 흐르는 개울이나 강가에만 나가도 흔하게 볼 수 있는 게 돌멩이잖아. 그러니 흔하고 값어치 없는 걸 돌에 비유하는 것도 당연한 일일 거야.
 그러나 이제 우린 알지. 땅바닥에 굴러다니는 돌에게도 역사가 있고, 신화가 깃들어 있다는 걸. 이미 다 알았겠지만 돌은 정말이지 사람이 사는 데 없어서는 안 될 귀중한 존재였어. 멀리 알타이 공화국에는 우코크라는 고원이 있는데, 이곳은 강이 흐르고 드넓은 초원이 펼쳐져 있어. 사슴이나 말, 들소 같은 동물이 살기 좋은 곳이지. 짐승을 따라다니며 살았던 석기인들이 살 만한 곳이야. 하지만 이 우코크 고원에서 사람이 살기 시작한 것은 불과 1만 5천 년 전이래. 한반도에 10만 년 전부터 사람이 산 것과 비교하면 엄청 늦은 거지.

학자들 말에 의하면 이 지역에서 사람이 살지 않았던 것은 추위 탓도 있지만 무엇보다 사람이 생활도구를 만들 마땅한 돌이 없어서였대. 그만큼 돌은 사람에게 중요한 존재인 거지.

돌은 인류를 위해 그동안 수많은 일을 하였어. 원시 인류를 거친 자연 속에서 살아남게 하고, 다른 동물의 무리로부터 벗어나게 해 준 것도 돌이었어. 돌은 도끼, 망치가 되어 사람들이 사냥해 먹고 살 수 있도록 해 주었고, 반달돌칼이 되어 벼이삭을 자를 수 있게 해 주었어. 또 흑요석은 날카로운 칼이 되어 고기를 자를 수 있게 해 주었지. 화강암이나 점판암은 온돌이 되어서 추운 방안을 따뜻하게 만들어 줬어. 돌은 또 약이 되어 주기도 했어. 아연을 품고 있는 노감석, 황토의 일종인 석지는 소독약, 위장약으로, 활석과 대자석은 소염제와 지혈제로 사람에게 도움을 줬어.

사람들은 흔하고 보잘것없는 게 돌이라고 생각하지만 실제로 돌은 인류의 생활사에 없어서는 안 될 중요한 존재인 거지.

가만히 돌을 들여다보면, 세상에는 별 볼 일 없는 게 하나도 없는 거 같아. 하찮게 여기는 것이 알고 보면 아름답고 감동적인 이야기를 품고 있는 경우가 많아. 빛나는 것은 황금만이 아닌 거지.

돌은 중요한 생활도구일 뿐만 아니라 하늘과 통하고 해의 기운을 품고 있는 신성한 존재이기도 하였어. 그래서 하늘과 태양을 숭배했던 사람들은 태양을 향해 거대한 돌기둥을 세우고, 돌사람을 만들고, 돌로 제단을 만들어 제의를 지냈지. 해를 향해 서 있는 바위 면에는 암각화를 그리며 풍요와 다산을 기원했고 말이야.

또 돌은 땅의 신성과 생명력을 품고 있는 어머니 같은 존재였어. 그래서 사람들은 아기를 낳게 해 달라고, 풍년 들게 해 달라고, 또 고기를 많이 잡게 해 달라고 선돌을 세우고 기도를 했어. 또 돌무지 서낭에게 기도를 하며 마을의 평안과 풍요를 기원했지.

돌에 대한 이러한 마음은 석기 시대부터 형성된 거야. 길고 긴 세월이 흐르는 동안 이러한 생각은 우리 겨레의 마음속에 뿌리를 내렸지. 그래서 지금도 사람들은 산에 오르거나 길을 가다가 돌무지, 돌탑을 보면 망설임 없이 돌을 하나 주워 얹거나, 그 곁에 작은 돌탑을 하나 더 쌓아 놓고 잠시 기도를 하고 가지. 그리고 우리들의 어머니, 할머니들은 아직도 신성하게 여기는 돌, 바위를 찾아가서 기도를 하지. 신성한 바위는 한반도 곳곳에 아직도 완강히 버티고 서 있으니까.

서울 인왕산은 높이가 338미터밖에 안 되는 낮은 산이지만 산 전체가 화강암 바위로 이루어져 있어. 곳곳에 기묘한 모양의 바위들이 솟아 있지. 인왕산 서쪽 기슭에 선바위라는 바위가 있는데, 이곳에는 일 년 내내 기도하는 사람들이 끊이질 않아. 대구 팔공산 갓바위에도 수능철이 되면 기도하는 부모님들로 북적대. 자식의 앞날을 위해 기도하는 어머님의 간절한 마음이 신성한 바위들을 찾게 만든 거겠지.

간절한 바람을 가지고 돌탑을 쌓는 사람도 많아. 대표적인 것은 마이산 돌탑이야. 마이산 중턱에는 탑사라는 절이 있는데, 탑사 앞에는 100

년 전에 이갑용 할아버지가 세상 사람들이 지은 죄를 속죄하고 세계의 평화를 기원하며 쌓은 돌탑이 있어. 처음엔 탑을 108기나 쌓았다는데 지금은 무너져서 80여 기만 남아 있어. 관광객들은 돌탑을 보면 혀를 내둘러. 사람이 맨 손으로 쌓았다고 믿기 어려울 만큼 돌탑은 튼튼하고 아름답거든.

이갑용 할아버지처럼 돌탑을 쌓는 사람은 지금도 있어. 가끔 텔레비전이나 인터넷으로 그분들의 돌탑이 소개되곤 해. 최근에는 8년 동안 80개의 돌탑을 쌓은 할아버지가 방송되었어. 또 가평 반딧불마을에는 중풍에 걸려 고통 받던 허동발 할아버지가 건강을 기원하며 쌓은 돌탑 30여 기가 있는데, 이 돌탑이 방송되었어. 돌탑을 쌓은 후에 할아버지는 건강해졌고, 그 소문을 들은 사람들은 이 돌탑이 영험하다며 찾아와서 초를 켜고 기도한대.

이처럼 지금도 여전히 누군가가 뭔가를 소망하며 돌탑을 쌓고 있어. 소원하는 것은 사람마다 다르겠지만 자신의 간절한 마음이 하늘에 닿기를 소망하며 돌탑을 쌓는 건 똑같아. 그렇게 간절한 마음으로 돌탑을 쌓는 순간 그곳은 땅에 사는 사람이 하늘과 통하는 신성한 장소로 변하지. 세상의 중심이 되는 거야. 우리들이 하찮게 여기는 돌에 소망이 깃들면서 이 세상의 중심이 되는 거야.

이제 돌에 관한 이야기는 끝났어.

돌에 스며 있는 오래된 인류의 소망, 마음의 역사, 생각의 역사, 그것들이 표현된 신화들……. 그런 것들을 쉽게, 또 풍부하고, 재미나게 들려주고 싶었는데, 친구들은 어떻게 읽었을라나 모르겠네.

나는 돌에 관한 공부를 하면서 참으로 많은 곳을 다녔어. 멀리 몽골에 가서 사슴돌도 보고, 제주도에서 눈미웃당 삼승또를 보았어. 충북 옥천에서는 신석기 시대 선돌과 마한 시대 돌탑을 봤지. 그 밖에도 전국 여러 곳을 다녔어. 울산 반구대 암각화나 고창 고인돌 공원은 물론이고 강화도, 포천, 북한산, 인왕산, 마니산, 불암산⋯⋯, 그리고 여러 박물관들. 눈으로 직접 보고 손으로 만져 보고 싶어 다녔지. 그래야 조금이라도 옛사람들의 생각, 소망을 느낄 수 있을 것 같고 친구들에게 들려줄 수 있을 것 같았거든.

또 많은 책을 보았어. 책들을 한 권 한 권 찾아 읽으면서, 발로 뛰어다니며 연구하고 기록한 여러 연구자 선생님들께 새삼 고마운 마음이 들었지.

돌에 대해 읽고 보고 생각하며 정리해 내려 했지만 내가 연구자가 아니라서 부족한 것이 있을 거야. 부족한 것은 나중에 기회가 되면 또 이야기하는 걸로 해야겠어.

친구들! 책 한 권이라는 것은, 할 수 있는 이야기도 많지만 모든 이야기를 다 할 수는 없어. 그리고 세월이 지나면 대개는 잊어버리게 될 테지. 하지만 나는 어린이 친구들이 이것만 기억해도 좋겠어. 굴러다니는 돌멩이에도 역사가 있고 신화가 있다는 것! 그리고 돌멩이 하나도 황금만큼이나 소중하다는 것! 마지막으로 우리 어린이들 모두도 해의 기운을 품은 돌멩이처럼, 땅의 생명력을 품은 돌멩이처럼 빛나고 아름다우며 소중한 존재라는 것! 그것을 기억했으면 좋겠어.

우리문화 우리역사 ❶
1만 년 역사와 문화를 들려주는 돌 이야기
ⓒ 2010 임정자·오정택

1판 1쇄 2010년 4월 12일 1판 4쇄 2012년 5월 29일

글쓴이 임정자 그린이 오정택 감수 이정재 펴낸이 강병선

책임편집 정혜경 이복희 디자인 이은혜

마케팅 신정민 서유경 정소영 강병주 온라인 마케팅 이상혁 장선아

제작 안정숙 서동관 김애진 제작처 한영문화사

펴낸곳 (주)문학동네 출판등록 1993년 10월 22일 제406-2003-000045호

주소 413-756 경기도 파주시 문발동 파주출판도시 513-8

전자우편 kids@munhak.com 홈페이지 www.munhak.com

카페 cafe.naver.com/kidsmunhak 트위터 @kidsmunhak

대표전화 (031)955-8888 팩스 (031)955-8855 문의전화 (031)955-8890(마케팅) (02)3144-3236(편집)

ISBN 978-89-546-1124-4 73800

이 도서의 국립중앙도서관 출판시도서목록(CIP)은 e-CIP홈페이지(http://www.nl.go.kr/ecip)에서 이용하실 수 있습니다.
(CIP제어번호: CIP2010001154)